世界と日本
がわかる
国ぐにの歴史

一冊でわかる
イギリス史

【監修】小林照夫
Kobayashi Teruo

河出書房新社

はじめに

イギリスってどんな国

わたしたちが「イギリス」という国家に持っているイメージは、「議会制民主主義をつくりあげた国」「『世界の工場』と呼ばれた19世紀の経済大国」などでしょう。

一方で、サッカーワールド杯になると、「イングランド」「スコットランド」「ウェールズ」「北アイルランド」の4代表が出場することに疑問を抱かないでしょうか。これには、連合王国としてのイギリス固有の事情が深く関係しています。また、近年はスコットランドをはじめ、連合王国を構成する国による独立問題が大きな関心を集めています。単一国家に暮らす、われわれ日本人には容易に理解できないことです。

一時は世界の4分の1を支配し、明治時代の日本政府がお手本としたイギリスという国を理解するには、民族の興亡《こうぼう》、宗教と政治の強い結びつき、それらを乗り越えての連合国家の成立、議会制民主主義や産業社会の確立といった、過程を知るのが一番です。

本書が、真の意味でのイギリスを理解するための一助になれば幸いです。

小林照夫

知って
びっくり！

イギリスの4つのひみつ

初めてイギリス史にふれるあなたに、意外な事実を紹介します！

ひみつ1

イギリス王が、フランス王も兼ねていた！

イギリスに最も近い大陸の国家といえば、フランスです。そのため両国は、時に争い、時に婚姻《こんいん》関係を結ぶなど、深いつながりがありました。それにより、一時はイギリスの王がフランスの王でもあったのです。

→くわしくは 86 ページへ

ひみつ2

「宮殿」と名がつくのに、国王は住んでいない？

11世紀に初めて建てられた、イギリスを代表するゴシック様式の建築物「ウェストミンスター宮殿」。宮殿と名前についていますが、ここにはイギリスの国会議事堂が置かれています。

→くわしくは 98 ページへ

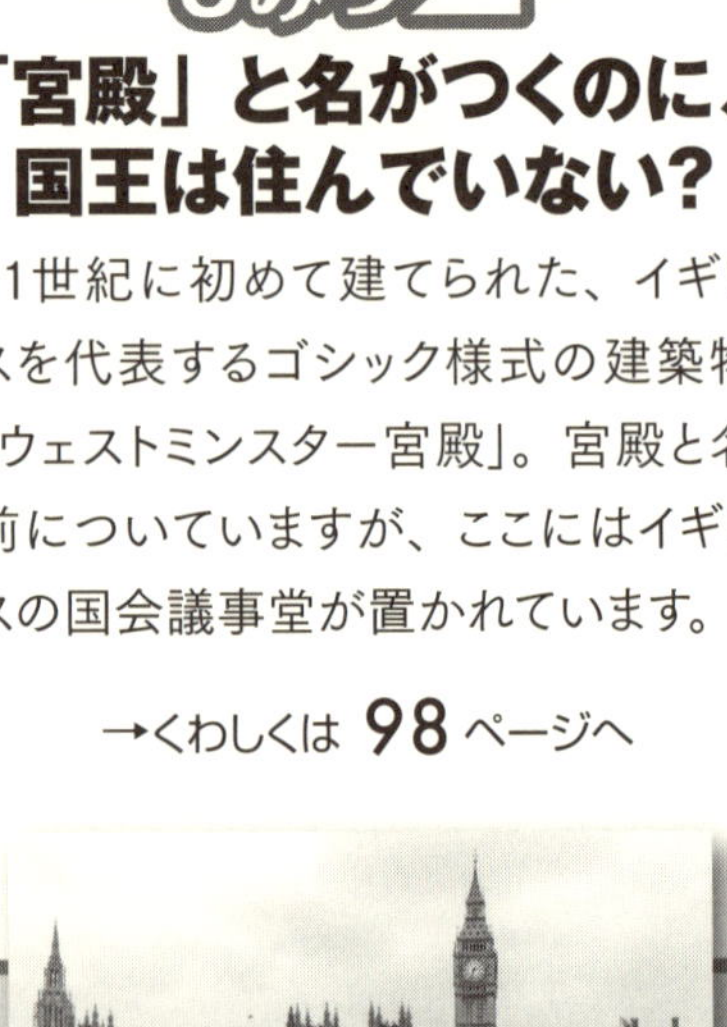

ひみつ3

後継者問題の解決のため、宗教改革が起こった!?

熱心なキリスト（カトリック）教徒だったイギリス国王だったが、ローマ教皇に離婚を認めてもらえなかったので、自分（国王）をトップとする宗教組織をつくりあげました。

→くわしくは 100 ページへ

ひみつ4

国王が不在の時代があった!?

イギリスには昔からずっと国王が国を治めていたイメージがありますが、じつは君主のいない「共和制」の時代がありました。

→くわしくは 135 ページへ

さあ、イギリス史をたどっていこう!

目次

chapter 5 議会政治の確立

chapter 6 大英帝国の栄華

プロローグ

同じ島国ではあるけれど

「ユーラシア大陸の端《はし》っこ周辺の島国」というと、わたしたちは日本を思い浮かべることでしょう。しかし、同大陸の西側には、同じ島国である「イギリス」が存在します。

イギリスと日本はともに同じ島国国家ですが、異なる点が多くあります。日本は、13世紀の蒙古襲来《もうこしゅうらい》（元寇《げんこう》）と第2次世界大戦を除くと、ほとんど外敵からの侵攻を受けていません。一方のイギリスでは、古代から多くの民族による侵攻・侵略がありました。

その理由の1つとしては、大陸との距離が近かったことがあります。日本の対馬《つしま》から韓国の釜山《プサン》までの距離は、波の荒い対馬海峡を隔《へだ》てて50キロメートル程度です。イギリスと対岸のフランスとが最も近いドーバー海峡をはさんで30キロメートルあまりで、泳いで渡ることもできます。つまり、対馬海峡は日本にとって防御壁となりえましたが、ドーバー海峡は敵の侵攻を防ぐのに十分な距離とはいえませんでした。

この本の主役である国家の名を「イギリス」と呼びましたが、正式名称を「グレートブリテン及び北アイルランド連合王国（The United Kingdom of Great Britain and

ブリテン諸島におけるイギリス

④北アイルランド	
位置	アイルランド島
面積	約1.4万㎢
人口	約190万人
首都	ベルファスト

②スコットランド	
位置	ブリテン島北部
面積	約7.8万㎢
人口	約550万人
首都	エディンバラ

③ウェールズ	
位置	ブリテン島西部
面積	約2万㎢
人口	約310万人
首都	カーディフ

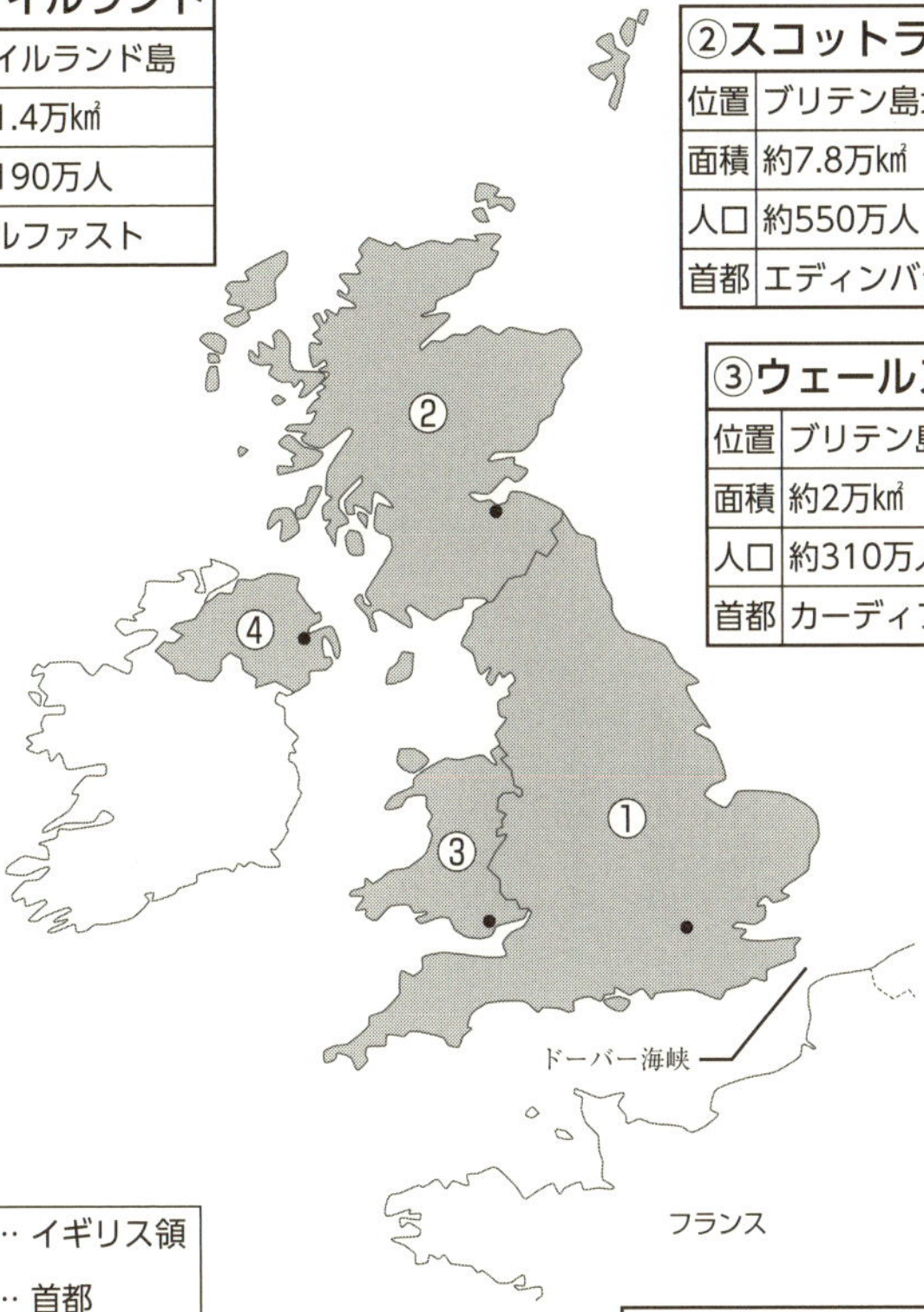

①イングランド	
位置	ブリテン島中部・南部
面積	約13万㎢
人口	約5650万人
首都	ロンドン

▒▒ …… イギリス領
● …… 首都

総面積　約24.4万㎢
総人口　約6700万人

※外務省ホームページ（2023年12月時点）の情報を参考に

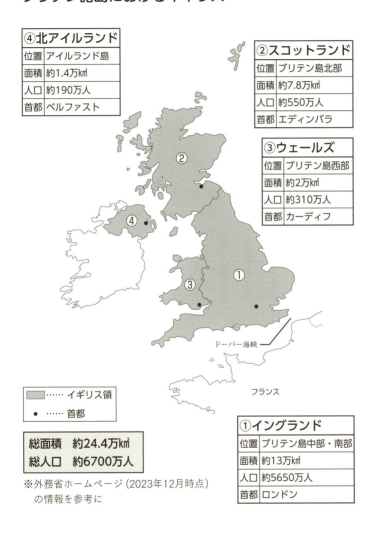

Northern Ireland)」、通称「連合王国（The United Kingdom）」といいます。略して〝UK〟ともよく呼ばれます。なぜ連合王国かというと、イギリスはイングランドとスコットランド、ウェールズ、北アイルランドの4つの国から構成され、その領土はブリテン島とアイルランド島北部からおもに成り立っているからです。

このほか、カナダやニュージーランドなど旧植民地などからなる、イギリスを中心とする国家連合として「イギリス連邦《れんぽう》（英連邦）」も存在し、正式名称を「コモンウェルス・オブ・ネーションズ」、略して「コモンウェルス」ともいいます。

そもそも「イギリス」という呼称は日本以外では通用しません。そのルーツは日本が江戸時代だったころまでさかのぼります。当時ポルトガル語では「イングレス」、オランダ語では「エンゲルス」とイングランド（王国）のことを呼んでおり、それが「エゲレス」として日本に伝わり、いつしか「イギリス」と発音するようになったとの説があります。「英国」と漢字で書くのは、中国語の「英吉利」が語源ともされています。

さて、イギリスを代表する古代遺跡といえば、わたしたちも知っている、直立させた巨石を円陣状に並べた「ストーンヘンジ」でしょう。大陸から渡来した民によって、一般的には紀元前2800年ごろから造営されたといわれています。ただし、その先住民がどのような民族であったかは、現在でもよくわかっていないうえ、つくられた目的もわかっていません。一説には、宗教施設だったとか、天体観測所であったともいわれています。

ストーンヘンジがつくられた新石器時代を経て、ブリテン諸島は青銅器時代に移ります。紀元前2200年から紀元前2000年ごろ、青銅器を持ち込んだのは大陸から渡ってきた「ビーカー人」です。ビーカーという名は、ビーカー（平底の広口の容器）に似た形の土器を、埋葬《まいそう》の際の副葬品として使っていたことに由来します。ビーカー人は銅製の武器で先住民を支配するようになりました。

紀元前6世紀ごろになると、製鉄技術を持つ「ケルト人」が大陸からブリテン諸島にやってきました。一説には錫《すず》を求めてやってき

たともいわれています。ケルトとは、古代ギリシア人が西ヨーロッパの異文化集団を「ケルトイ（よそ者）」と呼んだことに由来します。

渡来したケルト人は「ブリトン人」「ゲール人」「ベルガエ人」に大きく分けられています。ブリトン人は古代ローマが侵攻してくる以前、ブリテン諸島におけるケルト人のうち最大勢力でした。ゲール人はさらに「ピクト人」と「スコット人」に分けられ、現在のスコットランドやアイルランドに居住します。ゲール人はもとはブリテン島南部に住んでいましたが、あとからやってきたブリトン人らに押されて北部などへと移ります。

ケルト人は文字を持っていませんでしたがケルト語を使い、自然を崇拝《すうはい》し、ドルイドという祭司《さいし》が政治をも司っていました。鉄製の武器や戦車を用いるケルト人は先住民を圧倒して新たな支配者となり、ブリテン諸島各地に砦《とりで》を築いて定住します。

鉄製の農機具により生産力が向上し、紀元前1世紀にはブリテン諸島の人口は25万人を超えたといわれています。

このころのブリテン島は、大陸のケルト人から「アルビオン（白い国）」と呼ばれていました。石灰質で覆《おお》われたブリテン島東南岸が白く見えたためです。

chapter 1

ローマ帝国の影響

ローマ人来襲！

大陸に目を向けると、イタリア半島を古代ローマが統一し、紀元前2世紀には西欧に勢力を広げます。紀元前58年、古代ローマのガリア総督《そうとく》だったカエサルがガリア地方（現在のフランスやベルギーなどに相当）に遠征し、ベルガエ人などの反ローマ勢力を平定すると、その3年後、今度はブリテン島に侵攻してきます。ブリテン島にもベルガエ人の拠点があったことから、カエサルが平定を試みたのです。

このときカエサルは、ブリテン島が〝島〟であることも、島に住むケルト人のことも知らなかったといわれています。そのことを裏づける逸話《いつわ》もあります。北ガリア地方に住むベルガエ人を「ブリタニ」と呼んでいたローマ人は、ブリテン島に住む「プリタニ（入《い》れ墨《ずみ》を施《ほどこ》した者という意味）」も同じと勘違いして、ブリテン島を「ブリタニの地」、つまり、「ブリタニア」と呼ぶようになったといわれています。そしてブリテン島のベルガエ人も、ブリトン人と呼ばれるようになりました。

カエサルはブリテン島に侵攻したものの、ブリトン人に追い返されます。翌年、ふたたび侵攻したカエサルは内陸まで攻め入り、ブリテン島南部の諸部族を制圧し、ローマに貢物《みつぎもの》を送らせることを誓わせました。ところが、本国で政変があり、兵力や兵糧《ひょうろう》が不足したローマ軍はブリテン島から撤退します。

とはいえ、外敵からの脅威《きょうい》がこれで去ったわけではありません。紀元前27年、カエサルの養子のアウグストゥスが皇帝となり、古代ローマは共和制から帝政に変わると、各地域へ侵攻して勢力を拡大します。ブリテン島には、紀元43年に皇帝のクラウディウスみずから率いる約4万もの大軍が押し寄せ、圧倒的な武力でブリテン島の4分の3を征服しました。

こうして、ブリテン島の中部から南部にかけてはローマ帝国の属州「ブリタニア（ブリタンニア）」となり、ローマ帝国が派遣した総督の支配下に置かれます。

そのころ、日本では？

ブリタニアが成立するころ、中国大陸にも新たに後漢《ごかん》王朝が成立していました。同時期、日本の九州北部に存在したとされる奴国《なこく》は57年、後漢の皇帝に使者を送っています。その返礼として授かったと考えられているのが、江戸時代に、志賀島《しかのしま》（福岡県福岡市）で見つかった金印です。

島で花開いた大陸文化

50年ごろ、ローマ人がテムズ川北岸にブリタニアの州都を築きます。州都はローマ人が沼地を埋め立て、建設された砦を中心に形成されました。そのことから、ローマの支配下にあった時代の州都は、ケルト人の言葉で「沼地にある砦」を意味する「ロンディニウム（ロンディニオン）」と呼ばれていました（語源は諸説あり）。この州都こそが、のちのロンドンの原型になります。

ローマ人は積極的に自分たちの文化を属州に持ちこみ、「ロマーノ・ブリティッシュ（ローマ・ブリテン的）」という、ケルト文化と混じった社会ができました。ロンディニウムには公衆浴場や円形劇場（競技場）、法廷などがつくられました。ローマ帝国の公用語であったラテン語教育が行われ、ケルト人のローマ化を促します。ブリテン島内の農村部では、ローマ風の大規模な農園がつくられ、穀物が栽培されたのです。ブリテン島で採れた穀物や海産物はローマへ送られました。

古代ローマは軍団の砦として大小100を超える都市と、穀物や兵士の運搬するための道路や橋をつくりました。このときの道の痕跡《こんせき》を、現在のイギリス各地で見ることができます。ロンディニウムは、それらの都市をつなぐ結節点でもありました。「すべての道はローマに通ず」といいますが、ブリテン島につくられた道も、ロンディニウムから海路を介して帝都ローマにつながっていたのです。

ローマ帝国の支配が及ばなかった地域もあります。それはブリテン島北部です。はじめローマ人は、現在のほぼスコットランドにあたる「ピクトランド」に住むピクト人（ラテン語で体を彩色していた人々、入れ墨の人々）」の住む地域を「ピクトランド」と呼んでいましたが、ピクトランドに遠征したブリタニア総督が樹木の生《お》い茂《しげ》る土地を見て「カレドニア（緑樹林の地）」と呼ぶようになり、以後、カレドニアという名が定着したとされています。

ピクト人はカレドニアへ侵攻しようとするローマ軍に激しく抵抗し、逆にたびたびブリタニアに侵攻してきました。

このピクト人からの防衛を目的に、122年にローマ皇帝のハドリアヌスの命令で、ブリテン島北部を東西に横断する全長118キロメートルに及ぶ石積みの壁の建設をはじめます。完成後、この壁は「ハドリアヌスの長城《ちょうじょう》」と呼ばれました。

ローマ帝国が築いた2つの長城

次のローマ皇帝のアントニヌスは、ハドリアヌスの長城の北に別の壁「アントニヌスの長城」を築きます。

60年後にはアントニヌスの長城は放棄され、ハドリアヌスの長城がブリタニアの北限となりました。ハドリアヌスの長城は、やがて成立するイングランド王国とスコットランド王国の国境線に大きく影響を与えることとなります。

入れ替わりにやってきた

ヨーロッパの覇《は》者《しゃ》であったローマ帝国も大きな転機を迎えます。395年に、帝都ローマを中心とした西ローマ帝国と、コンスタンティノープル（現在のトルコのイスタンブール）を中心とした東ローマ帝国に分裂したのです。

そうした背景には、４世紀以降のフン人の西進によってゲルマン民族が大移動し、ローマ帝国領内へ侵入したことが挙げられます。ゲルマン民族の活動が活発になるにつれ、各地で西ローマ帝国の支配はゆらぎはじめました。その動揺はブリテン島に及び、ブリテン島からローマ人が撤退する要因になります。ブリテン島からローマ人が引き上げた結果、防衛力は弱体化し、ピクト人がハドリアヌスの長城を越えて南部に押し寄せます。

４０９年、ついに西ローマ帝国はブリタニアを放棄し、ローマ軍は撤退。「ローマの平和（パックス・ロマーナ）」とうたわれた比較的平和な時代は終わりを告げました。そして、ローマ人と入れ替わるように、大陸からゲルマン系の「アングロ・サクソン人」がブリテン島へやってきます。

アングロ・サクソン人とは、ゲルマン系の「アングル人」「サクソン人」「ジュート人」の総称です。彼らは5世紀前半から約１５０年の間に、ブリテン島の豊かな土地を求め、ブリトン人を追い払い、土地を奪いました。一説に、彼らはブリトン人同士が争った際に傭兵《ようへい》として雇《やと》われ、そのまま住み着いたともいわれています。

ブリトン人は島の中央部から、西部や北部、大陸へと逃げます。このうち西部に逃れたブリトン人が、のちのウェールズに住み着きました。ウェールズという言葉は、アングロ・サクソン人がブリトン人を「ウェアルフ（よそ者・奴隷《どれい》）」と呼んだことに由来します。

異邦人としてさげすまされたブリトン人がアングロ・サクソン人への抵抗心から生み出したのが、円卓の騎士で知られる中世の騎士道物語『アーサー王物語』です。物語の主人公アーサー王にはモデルがいて、5世紀末にブリテン島南部において、アングロ・サクソン人と戦ったブリトン人の武人の1人だともいわれています。

ブリテン島北部ことカレドニアでは、もともと住んでいたピクト人と、4世紀ごろにアイルランド北東部から移り住んだ「スコット人」とが同化します。古アイルランド語で「荒らす」「略奪」を「スコティ」と呼んでいたことがスコット人の名称の由来です。彼らが住んだ地が、のちの「スコットランド」です。

大陸に逃げたブリトン人が住み着いた場所が、のちのフランスのブルターニュ地方です。その地が彼らにとっての小さなブリトンという意味でのブリタニー（フランス語のブルターニュ）ということから「小ブリテン」となります。ブルターニュ地方から見て大きなブリテン島ということで「大ブリテン」という用語が生まれたともいわれます。

なお、ブリテン島がアルビオンと呼ばれていたころ、隣のアイルランド島はラテン語で「冬の地」などを意味する「ヒベルニア（ハイバーニア）」と呼ばれていました。アイルランド島のケルト系民族を「ゲール人」といいます。その名称の由来は、ローマ人がブリトン人を「グイール（グイデル）」と呼んでいたことから、アイルランド島のケルト人が自分たちをゲールと自称したことにはじまります。

紀元前5世紀ごろから、ゲール人はアイルランド島に定住します。ローマの支配は及ばなかったものの、文化的には多くの影響を受けます。

各島の民族分布

ブリテン島	ブリタニア（中部・南部）	
	アングロ・サクソン人	アングル人
		サクソン人
		ジュート人
	ブリタニア（西部）	
	ブリトン人	
	カレドニア（北部）	
	ピクト人	
	スコット人	
アイルランド島	ヒベルニア	
	ゲール人	

知れば知るほどおもしろいイギリスの偉人❶

ローマ帝国に抵抗した女性の族長

ブーディカ

Boudica

（?～61）

民族のために帝国と戦う

ローマ帝国が支配する属州ブリタニアでは、先住民族による反乱がいくつも起こっています。なかでも、ケルト人のイケニ族の長《おさ》であるブーディカの反乱が、最も規模が大きかったといわれています。

反乱のきっかけは、ブーディカの夫だったイケニ族長の死後、ブーディカが受け継ぐはずだったイケニ族の土地を同盟関係にあったローマ帝国に奪われたためです。さらには、ブーディカ自身とその娘たちもひどい仕打ちを受けました。

復讐《ふくしゅう》に燃えるブーディカは周辺部族を束ね、ロンディニウムを襲撃し、ローマ軍を一時は追いつめますが、反撃を受けて反乱は鎮圧《ちんあつ》されました。ブーディカの最期は、毒をあおいだ、処刑されたなど諸説あります。

この反乱を教訓として、ローマ帝国は属州における厳しい統治を見直すことになります。

chapter 2

北欧の国として

七王国による攻防

7世紀前半にはブリトン人に代わって、アングロ・サクソン人がブリテン島の中部から東南部を支配するようになりました。このアングロ・サクソン人が支配する地域が「イングランド」と呼ばれるようになります。

イングランドとは「アングル人の土地」という意味を持ち、このときの支配に由来します。そのため、現代のスコットランドやウェールズ、北アイルランドの人々はイングランドを語源とする「イングリッシュ（英国人）」とひとくくりに呼ばれることを好みません。

イングランドでは、族長に率いられた戦士団が砦を築き、その周りに農民が住み着くなどして多数の国が生まれます。そして戦争などを経て、7つの国に集約されました。そのため、7～9世紀のイングランドは七王国（ヘプターキ）時代とも呼ばれます。

また文化面で変化がありました。ゲルマン系のアングロ・サクソン人によって、イングランドの言語にも変化がみられます。当時のドイツ語に近い言葉が話されるようになり、「古英語《こえいご》」と呼ばれる、英語の前身ともいえる言語が成立します。

6世紀末には、本格的にキリスト教がブリテン島に伝わります。キリスト教は、ローマ帝国に支配されている時代にすでに入ってきていました。しかし、ローマ人がブリタニアを放棄してブリテン島から去ったことにより、布教は中断されていました。そこで596年に、ローマ教皇が宣教師を派遣して、アングロ・サクソン人に布教活動を行います。

ケントに本拠地が置かれ、イングランド各地に教会や修道院が建設されました。のちにケントにはカンタベリー大聖堂が建ち、イングランドのキリスト教で最も権威ある役職のカンタベリー大司教《だいしきょう》が置かれます。

これら七王国のうち、まずノーサンブリアが周辺国に侵攻して勢力を拡大させます。

七王国の分布

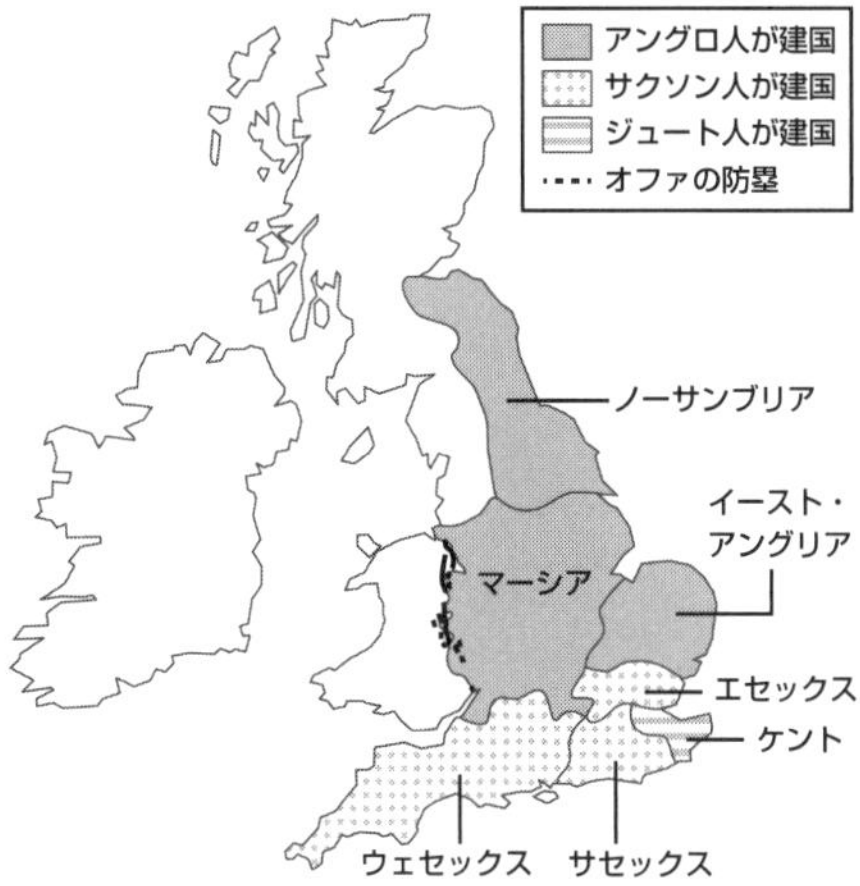

655年のウィンウェドの戦いでは、キリスト教国であったノーサンブリアがマーシアを破り、キリスト教に改宗させます。この勝利をきっかけに、ブリテン島西部や南部にキリスト教が根づくことになりました。こうして、一時は七王国随一の強国となったノーサンブリアでしたが、内部紛争により8世紀後半には衰退します。

8世紀前半には、マーシアのエゼルバルド王が、教会や民衆へ増税を課し、国力を増強。一時、ウェセックスを支配し、エゼルバルド王は「南イングランドすべての者の王」を自称します。ところが、圧政が仇《あだ》となり家臣に暗殺され、マーシアは内乱状態になりました。

この内乱を鎮《しず》め、8世紀後半にマーシアの王位を継いだのが、エゼルバルド王の従兄弟《いとこ》のオファ王です。オファ王は即位すると軍備を整え、他国に侵攻しました。エセックスとサセックスの2王家は滅び、ケントとイースト・アングリアの2王家は一時断絶します。残るウェセックスはマーシアの支配を受け入れました。

「全アングルの王」を自称したオファ王は、イングランド初となる法典を制定し、共通硬貨である「銀ペニー貨」を鋳造《ちゅうぞう》しました。加えて、ブリテン島西部（現在のウェールズ）との境に土塁《どるい》（オファの防塁《ぼうるい》）を築き、ブリトン人の侵攻から国土を守りました。オファ王は796年に亡くなります。

オファ王の亡きあとも力を有していたマーシアは、825年にウェセックスへ侵攻します。しかし、ウェセックスの王エグバートとの戦いで返り討ちにあい、マーシアはウェセックスの従属国となりました。

やがてエグバート王は、テムズ川以南の地を支配して、イングランドを統一しました。これが、事実上の初代イングランド王となります。

とはいえ、エグバート王はイングランド統一にはいたらず、称号もイングランド王でなくアングロ・サクソン諸族の王で最も勢力のある者という意味を持つ「覇王《はおう》（ブレトワルダ）」であったともいわれています。

そのころ、日本では？

イングランドが強い指導者オファ王のもとで改革が進んでいたように、日本も桓武《かんむ》天皇のもとで政治改革が行われていました。当時の法律にあたる律令の改良や、現在の東北地方へ兵士を送り込んでの領土拡大などです。そして、794年には京都へ都（平安京）が遷《うつ》されました。

海賊でなかったヴァイキング

8世紀末、海を渡ってブリテン島にヴァイキングが来襲します。ヴァイキングは一説には「入江に住む人々」という意味で、現在のノルウェーのノール人やデンマークのデーン人、スウェーデンのスウェード人など、北ゲルマン人の総称です。キリスト教とは異なる信仰を持っていました。

ヴァイキングは船団でやってきて、海に近い修道院などを襲撃して宝物などを略奪すると、すぐに去っていきました。当時のブリテン島では、海からの侵攻を想定していなかったので富が集まる修道院であっても警備が甘かったのです。

なお、ヴァイキングは海賊というイメージがあるかもしれませんが、その多くが船乗りや農民、商人だったといい、略奪だけでなく交易も行っていました。

やがて9世紀後半には、それまで略奪後に去っていたヴァイキングが、アイルランド

島の東部やイングランドの南東部、ノルマンディー（現在のフランス北西部）などに定住するようになります。そして865年、ヴァイキングであるデーン人が、馬を使った機動力のある戦法でイースト・アングリアとノーサンブリアを滅ぼします。こうして七王国は、マーシアとウェセックスだけになってしまいました。

イギリス史上数少ない大王

デーン人はウェセックスにも侵攻し、国の大半がその手に落ちます。そんな状況でウェセックスの王に即位したのが、エグバートの孫であるアルフレッドです。アルフレッド王はデーン人に何度か敗北しました。しかし反撃の機会をうかがい、各地に砦を築くと、周辺の農民を徴用《ちょうよう》して軍事力を強化。デーン人をまねて騎馬《きば》を活用します。加えて、マーシア王に娘を嫁《とつ》がせ、手を結びました。

軍備増強のかいもあって、878年のエディントンの戦いでアルフレッド王はデーン人に大勝。886年にはデーン人に占拠されていたロンドンを奪い返しました。一方でマーシアはこれらの過程で滅亡し、とうとう七王国はウェセックスのみとなります。

アルフレッド王はデーン人を撃退し、島北東部に押し留めることに成功しましたが、追い出すまでにはいたりませんでした。アルフレッド王はデーン人と「ウェドモーワの和議」を結んで、デーン人の居住地域を、ロンドンの北方からヨークの南付近のデーンロウ地方に定めます。デーンロウとは、デーン人の法（ロウ）で統治される地域のことです。さらにデーン人をキリスト教に改宗させ、共存することに成功します。

デーン人が居住した地域は、ダービーやラグビーなどです。現在のイギリスで名前に「by《ビー》」とつく地域は、かつてデーン人が住んでいた土地だといわれています。

ウェセックスのアルフレッド王は、デーンロウ地方から南側を治めることとなり、荒廃したイングランドの復興に取りかかります。

文化や学問に力を入れ、学校を設立し、臣下とその子弟《してい》を入学させました。自身も40歳を過ぎてラテン語を習得して、聖書の古英語への翻訳などを手がけます。さらには自分の治世を広く知らしめるため、『アルフレッド大王伝』や『アングロ・サクソン年代記』を記述させました。おかげで古英語が、イングランドの標準語になっていきました。

アルフレッド王は、オファ王の法典をもとに新たな法典を編纂《へんさん》しました。また、行政区分として「州（シャイアー）」を導入し、州長として「シェリフ」という地方行政官を置きました。このシャイアは、のちに「カウンティ」と名を変えて、1974年に改正されるまで使い続けられました。アメリカ合衆国の行政単位である「郡」はこのカウンティを参考につくられています。

アルフレッド王は899年に死去します。イングランドをデーン人の侵攻から救ったなどの功績によって、イングランドの歴史上で「大王」と称されています。そして、その血筋は綿々《めんめん》と現代のイギリス王室まで続いています。

議会の原形となった賢人会議

アルフレッド王の活躍で、イングランドではウェセックスが一強状態となりますが、王位継承権の問題などで混乱し、イングランド統一にはいたりませんでした。そこへ頭角を現したのが、アルフレッドの孫であるアゼルスタンです。アゼルスタンはアルフレッド王の直系という血筋のみならず、マーシア女王であった伯母《おば》のもとで育てられ、マーシアの後継者とも認められていたのです。

924年にアゼルスタンはウェセックスの王に即位すると、イングランド各地にふたたび侵攻してきたデーン人を退《しりぞ》け、イングランド北部の重要都市ヨークを取りもどします。937年には、島北部から侵攻してきたアルバ王国軍（くわしくは38ページ参照）を撃破し、ブリテン島におけるイングランドの立場を優位にしました。

内政では、アルフレッド王の整えた州制を拡張し、州の下に「郡」、その下に「十人組」と、より細かな行政区分を設けます。

さらに、司教や地方を統治する有力貴族である「伯《はく》」などと、クリスマスやイースターの際に、定期的に会議を開き、意見を取り入れるように定めます。これは「賢人会《けんじんかい》議《ぎ》」といわれ、イングランドの議会のもとになったといわれています。賢人会議では、イングランドの国全体の防衛や外交、立法や司法、そして王位継承問題までも話し合われました。まさに、現代における議会のような役割を担《にな》っていたのです。

アゼルスタンは外交にも力を入れます。フランス王のユーグ・カペーや、神聖ローマ皇帝のオットー1世に自分の姉妹を嫁がせ、ヨーロッパの強国と血縁を結び、関係を強化しました。

アゼルスタン王は927年ごろから、発行する領地権利証書（土地の所有に関する証書）に「イングランド王」という称号を使うようになります。こうして、初めてイングランド全域で公式に「イングランド王」の称号が使われるようになったのです。

スコットランドの成立

ここでローマ撤退以降のブリテン島北部、カレドニアの歴史を見ていきます。カレドニアには、ピクト人や4世紀半ばにアイルランドから渡ってきたスコット人が居住していました。

4世紀末にブリトン人の聖《せい》ニニアンがカレドニアに入り、ローマ帝国の国教となっていたキリスト教をカレドニア南部のピクト人に初めて布教したと伝わっています。

やがて6世紀ごろになると、ピクト人によってブリテン島の北東部に「ピクトランド」が成立します。同じころ、スコット人もピクト人から土地を奪い、ブリテン島北西部に「ダルリアダ王国」を建国します。ピクトランドはカレドニアでは大国で、ダルリアダ王国は小国でした。

アルバ王国成立前のカレドニア

当時、カレドニアにはこの2つの王国と、アングロ・サクソン人にブリテン島南部から追われてカレドニア南西部に住み着いたブリトン人が建国した「ストラスクライド王国」、南東部にアングロ人が建国した七王国の1つ、ノーサンブリア王国が存在していました。この4カ国の間では8世紀半ばまで多少の小競り合いはあったものの、うまく共存していました。

しかし、8世紀後半になると、カレドニアの沿岸部をイングランドと同様、ヴァイキングが荒らします。甚大《じんだい》な被害を受けたピクト人は、同じく被害を受けているスコット人との連合を望むようになりました。

そして843年ごろに、ダルリアダ王のケネス・マカルピン（ケネス1世）はピクト人の同意を得て両国の王となり、ピクトランドとダルリアダが併合し、「アルバ（連合）王国」が誕生しました。小国であるダルリアダの王が連合王国の王位に就けたのは、ピクトランドの王位が途絶えて遠縁のケネス1世に白羽《しらは》の矢《や》が立てられたとされるほか、ヴァイキングに対抗するには戦上手のケネス1世の手腕が必要だったからともいわれています。

ただし、アルバ王国成立までの史料はとぼしく、正確なことはわかっていません。アルバ王国の誕生が、実質的な「スコットランド王国」の成立と考えられています。ケネス1世は、「スクーンの石」に腰かけて戴冠式《たいかんしき》を行いました。伝説によると、スクーンの石は『旧約聖書』の登場人物である聖ヤコブが頭に掲《かか》げたとされる石です。ダルリアダ王国の建国者ファーガス・モー・マク・エルクがスコットランドに持ち込み、スコットランド王家の宝として、戴冠式で王権の権威づけに使われるようになりました。

戴冠式のはじまり

イングランドが正式に統一されたとされているのが、アゼルスタンの甥《おい》にあたるエドガー王の治世です。エドガー王の時代に、かつて七王国であったマーシアやイースト・

アングリアなどの地域は、国王に忠誠を誓う「伯」によって統治され、その頂点にはイングランド王であるエドガーが君臨していました。

エドガーは前王であった兄のエドウィの突然死により、959年に即位しました。熱心なキリスト教徒だったので、デーン人に破壊された教会を統合し、新たに大きな教会を建てます。またカンタベリー大司教と腐敗《ふはい》した教会の改革に尽力しました。

現代まで慣習として続く、イングランド（イギリス）国王の戴冠式をはじめたのもエドガー王です。973年、エドガー王はイングランド南西部のバースにある修道院で、大司教の手により頭に冠《かんむり》をいただきます。戴冠式はキリスト教式で、王を聖なる者として、神の名のもとで王は宣誓し、民衆が承認するという形式です。

戴冠式により、神の権威を後《うし》ろ盾《だて》にした国王こそが、国内の有力諸侯や首長を超える正当な存在であることを示したのです。

お金で平和を買う

エドガー王は戴冠式の2年後、975年に亡くなります。すると、エドガー王の子のエドワードと、その異母弟のエゼルレッドとの間で王位継承争いが起こりました。エドワードが王に即位しますが、わずか3年で暗殺され、10歳のエゼルレッドがエゼルレッド2世として即位します。

エゼルレッド2世は、王としての資質に欠けていたといわれています。賢人会議を軽視したために、各地の有力者が反抗しました。

このころイングランドは、またもデーン人の襲撃に悩まされていました。当時のデーン人の拠点は、ユトランド半島のイェリング朝デンマーク王国です。

985年にデンマーク王に即位したスヴェン1世は、同時にノルウェー王でもありました。前デンマーク王のハーラル1世がキリスト教に改宗して以来、デンマーク王国はスウェーデンの一部も領土とする強国となったのです。

そのころ、日本では？

イギリスで権力闘争が激化していたころ、日本では、藤原道長が996年に左大臣へ昇進して以来、政治の実権を握っていました。京都では国風文化が花開き、その当時の朝廷の様子は、天皇の妻に仕えていた紫式部が描いた『源氏物語』で垣間見《かいまみ》ることができます。

来襲するデーン人に対してエゼルレッド2世は、国民から税金を徴収し、そのお金をデーン人に渡しました。つまりは金で平和を買っていたのです。しかし、いくら払っても襲撃はやまないので、1002年にエゼルレッド2世は領内のデーン人を弾圧し、多くを殺します。

その翌年、怒ったスヴェン1世はイングランドに攻め込み、当時イングランド国内最大級の都市であるオックスフォードを焼き討ちしました。

敗退したエゼルレッド2世は国内からの反感もあり、1013年に2番目の妻エマと2人の息子のエドワードとアルフレッドを連れて、大陸のノルマンディー公国に亡命しました。

というのも、エマがノルマンディー公国を治める、ノルマンディー公の娘だったからです。このノルマンディー公は、北フランスに移住したノルマン人の末裔《まつえい》になります（くわしくは32～33ページ参照）。

エゼルレッド2世とエマの婚姻《こんいん》による血縁関係を発端《ほったん》とし、のちにイングランドとノルマンディー公国は王位継承権をめぐって争いをくり広げます。

11世紀のイングランド王位をめぐる家系図

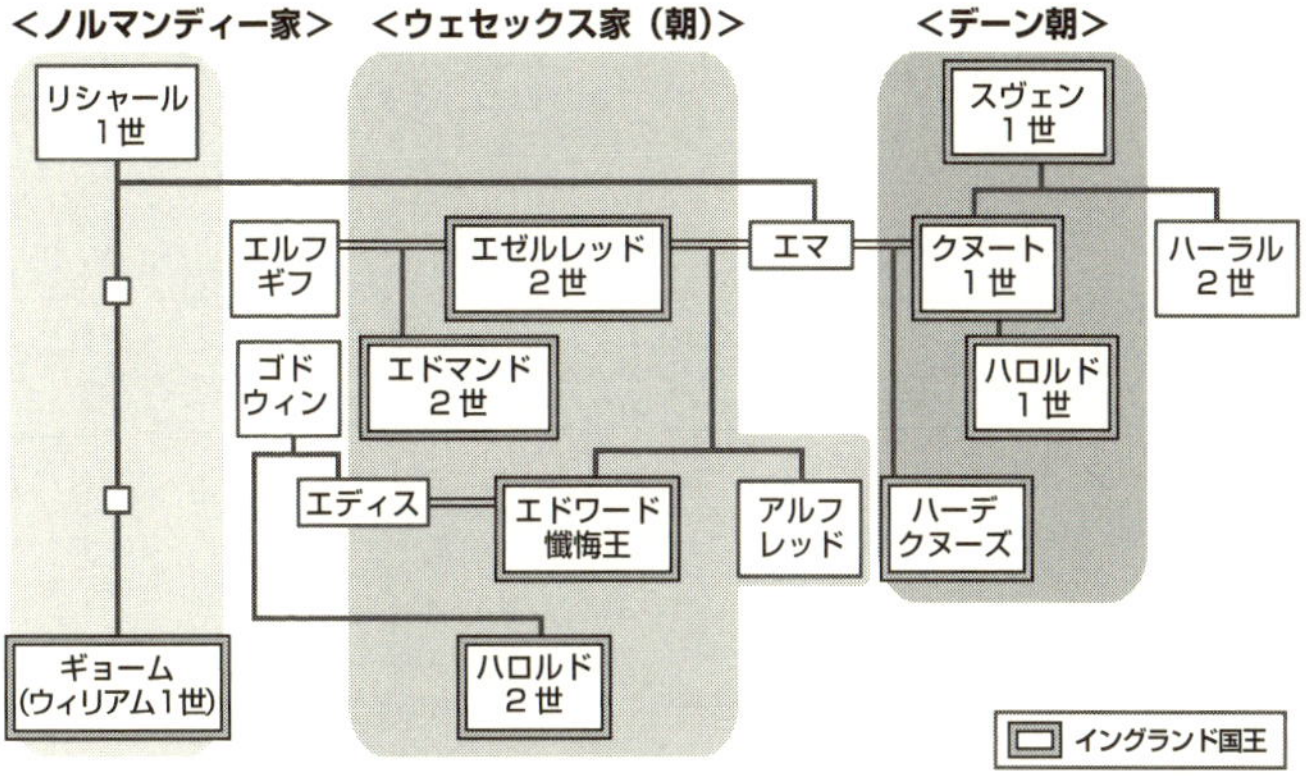

目まぐるしく変わる王

エゼルレッド2世の亡命によって空位となったイングランド王位に、1013年、スヴェン1世がイングランドの有力貴族らに推《お》されて即位します。こうして、デーン朝が成立しました。

ところが、その翌年、スヴェン1世が急死します。長男のハーラルが跡を継ぎ、デンマーク王ハーラル2世として即位しますが、ノルウェー王位には就けませんでした。旧王族の血を引くオーラヴ2世が、力をつけてノルウェー王に即位したためです。

スヴェン1世の次男のクヌートがイングランド王に推挙されたものの、急な相続でイングランド国内は混乱します。その隙《すき》にノルマンディーからエゼルレッド2世が帰還し、イングランド王位を奪い返しました。

それで王位を簡単にあきらめるクヌートではありませんでした。1015年、クヌートは大軍を率いてイングランドに上陸しました。

そんな中、1016年4月にエゼルレッド2世は亡くなり、長男のエドマンドがイングランド王エドマンド2世として即位します。このエドマンド2世はエマとの間の子ではなく、最初の妻のエルフギフとの間の子どもです。

同年10月、エドマンド2世とクヌートは矛《ほこ》を交えました。エドマンド2世は敗北しましたが、何とかクヌートを和平交渉のテーブルにつかせることができました。その結果、エドマンド2世はウェセックスを、クヌートはテムズ川の北側を支配することになります。さらに両者は、一方が先に死んだら、生きているほうが死んだほうの領地を譲《ゆず》り受けると約束します。

それからまもなくして、エドマンド2世は死去しました。約束どおり、その領地はクヌートの手に渡ります。クヌートは賢人会議に認められ、1016年にクヌート1世としてイングランド王に即位しました。

北海帝国の誕生

イングランド王となったクヌート1世はデンマークの法を押しつけず、アングロ・サクソン人の法や慣習を尊重する政策をとります。そのため、イングランドの諸侯は征服者にもかかわらず、新たな王に友好的でした。続いてノルマンディー公国との関係の改善をはかるため、エゼルレッド2世の妻だったエマと結婚しました。2人の間には息子のハーデクヌーズが生まれます。

1018年にデンマーク王のハーラル2世が亡くなると、その弟であるクヌートがデンマーク王位も兼ねます。さらにクヌート1世は1026年、ノルウェーに侵攻します。そして、スウェーデン王とノルウェー王オーラヴ2世との連合軍を打ち破り、北欧の覇権を握りました。1029年には、ノルウェー入りし、クヌート1世はオーラヴ2世を追放して、ノルウェー王にも即位します。

こうしてクヌート1世は、イングランドとデンマーク、ノルウェーの王となり、加え

北海帝国の領域

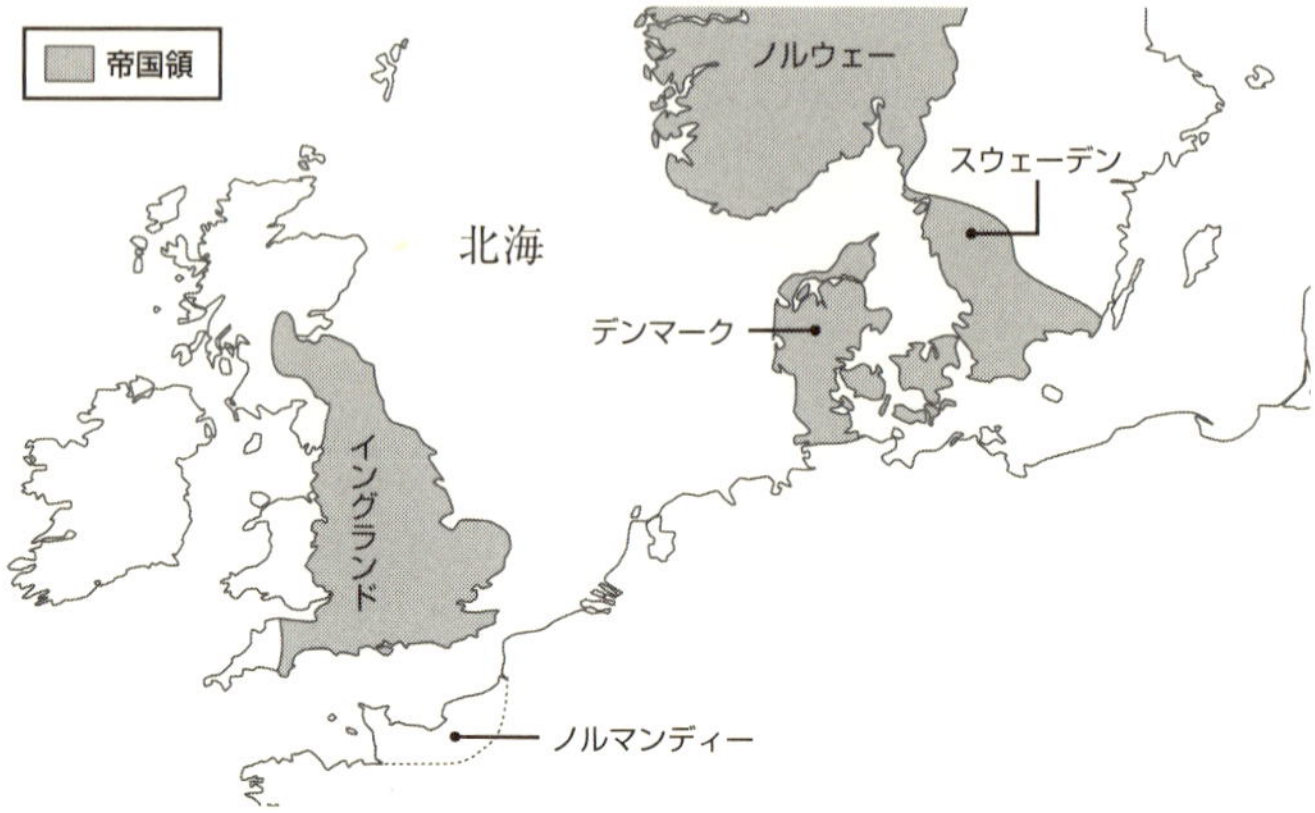

てスウェーデンの一部をも支配下に収めました。

これら北海を中心とする広大な領土は、のちに「北海帝国《ほっかいていこく》」と称されるようになりました。

広大な領土を統治することとなったクヌートは、イングランドをノーサンブリア、イースト・アングリア、マーシア、ウェセックスに分け、それぞれを有力貴族に治めさせます。

帝国のあっけない最期

クヌート1世が1035年に死去すると、広大な北海帝国はバラバラになります。

クヌート1世と前の妻との間に生まれたハロルドが、ハロルド1世としてイングランド王に即位し、クヌート1世とエマの子であるハーデクヌーズが、デンマーク王に即位します。そしてオーラヴ2世の子が、マグヌス1世としてノルウェー王に即位しました。

一応、イングランド王国はハロルド1世とハーデクヌーズ、2人の王の共同統治ということになりました。しかしノルウェーと敵対していたハーデクヌーズはデンマークから動けず、イングランドはハロルド1世の統治下にありました。ハロルド1世のもとで、エマは冷遇されていたといわれています。

さて、エマの実家のノルマンディー公国には、エゼルレッド2世とエマの子どものエドワードとアルフレッドがいました。その2人がふたたびアングロ・サクソンの王朝を開こうと、イングランドへもどってきます。ところが、アルフレッドがハロルド1世に殺され、エドワードとエマは大陸へ逃げ帰りました。

こうした母と異父兄への仕打ちにハーデクヌーズは怒ります。1040年、北欧の情勢が落ち着くやいなや、ハロルド1世を討つため、イングランドに上陸しました。その直後、ハロルド1世は謎《なぞ》の死を遂《と》げました。こうして、ハーデクヌーズはイングランド王として実権を握ります。

王位を得たものの、体調が思わしくなかったハーデクヌーズは、イングランドの貴族から好意を得るため、ノルマンディー公国から異父兄のエドワードを迎え入れ、イングランドの共同統治者に据《す》えました。そして1042年にハーデクヌーズは若くして亡くなり、跡継ぎがいなかったデーン朝は幕を閉じました。

命運を分けた連戦

イングランド王位は、デーン人からアングロ・サクソン人へともどりました。王となったエドワードは、熱心なキリスト教徒だったことから「懺悔《ざんげ》王」の異名で呼ばれるような人物です。

たとえば、現在でもロンドンに立つ、イギリスを代表するゴシック建築「ウェストミンスター寺院」の前身となる建物を建てたのは、エドワード王です。のちのほとんどのイングランド国王は、この寺院で戴冠式を行っています。さらにエドワード王は、寺院と同じ地に宮殿（ウェストミンスター宮殿）を築きました。宮殿は16世紀の火災に見舞われるまで王の住居として機能したほか、のちに議会が開かれるようになります。

エドワード王の治世下で、イングランド（イギリス）各地に教会が建てられ、教会を中心とした村ができあがります。

エドワード王は、ノルマンディー育ちだったので普段からフランス語を話し、多数のノルマンディー人を貴族や役人に迎え入れ、フランス風の政治や文化を尊重します。また、貴族のウェセックス伯ゴドウィンの娘のエディスを妻に迎え、強大なゴドウィン家を味方につけようとします。その後、争いから一時はゴドウィンを国外追放しますが、ゴドウィンがイングランドにもどってくると、反対にエドワード王が実権を握られてしまいます。ゴドウィンが亡くなると、その次男のハロルドがウェセックス伯を継ぎます。

王位継承者のいないまま、1066年にエドワード王が亡くなりました。賢人会議や有力貴族が次の王として白羽の矢を立てたのは、ウェ

セックス伯のハロルドでした。同年、ハロルドはハロルド2世としてイングランド王に即位します。

ところが、この即位に異議を唱える人物がいました。ノルウェー王のハーラル3世とノルマンディー公のギョームです。ハーラルはクヌート1世以来の王位継承権を主張する一方、ギョームはエドワード王に王位継承を約束されていて、その場にハロルド2世もいたと主張しました。ギョームは血筋では、エドワード王の従兄弟《いとこ》の子どもにあたります。

戦いによって決着をつけようと、ハーラル3世はノルウェー軍を率いてイングランドに上陸します。1066年9月25日、イングランド諸侯を味方につけたハロルド2世と、ヨーク近郊で戦いの火蓋《ひぶた》は切られました。

このスタンフォード・ブリッジの戦いでハロルド軍は大勝し、ハーラル3世は戦死。これ以降、長年にわたり苦しめられてきたヴァイキングに、イングランドが襲われることはなくなりました。イングランドは北欧の影響力から脱して、西欧社会に属するきっかけになったできごとといえます。

ただ、ハロルド2世には勝利に酔《よ》いしれている時間はありませんでした。9月28日にノルマンディー軍を率いたギョームが、イングランドに上陸したのです。

ハロルド2世はすぐに軍を南下させます。両軍は10月14日、イングランド南東岸のヘイスティングズ近郊でノルマンディー軍と激突しました（ヘイスティングズの戦い）。歩兵を主力とするイングランド軍は善戦するも力及ばず、騎兵を用いるノルマンディー軍に打ち破られ、ハロルド2世は戦死。イングランドにおけるアングロ・サクソン人の王朝は、ここで終りを迎えました。

ウェールズとアイルランド

イングランドやスコットランドで王国が生まれていたように、ウェールズやアイルランド島でも王国が成立していました。

ブリテン島西部のウェールズには、南東部などに住み着いたアングロ・サクソン人に押し出されるようにして、ケルト系のブリトン人が移り住んでいました。彼らは7～8世紀の間に、ウェールズ語などの独自の文化を発展させ、少数部族による複数の王国が

12世紀初頭のウェールズ

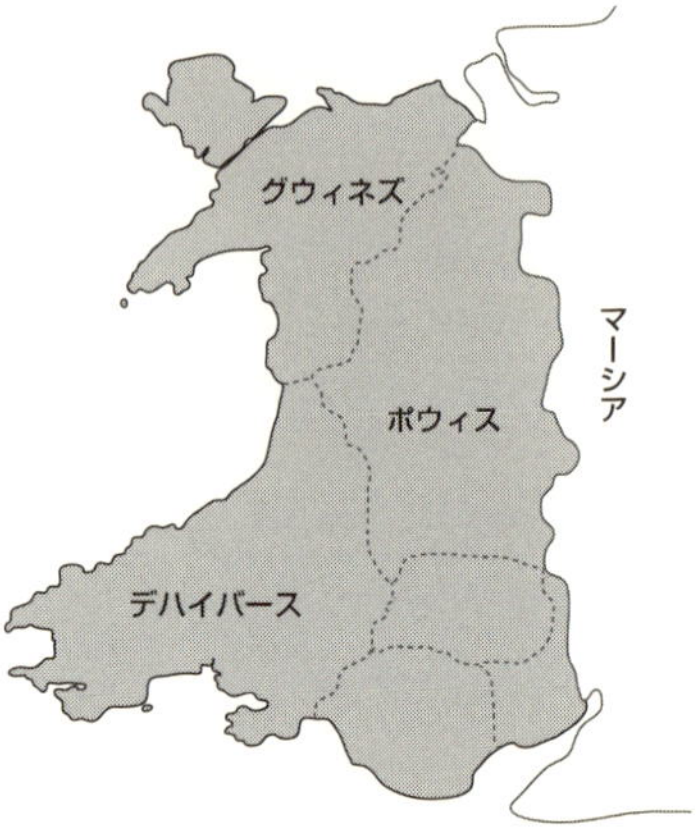

建国されます。

ウェールズの諸王国は757年から半世紀余り、七王国の1つマーシアと争いを続けます。9世紀には、グウィネズ王のフロードリがウェールズをほぼ統一し、マーシアやヴァイキングなどの侵攻からウェールズを守り抜きました。

しかし、フロードリが亡くなると、その子どもらに領地は分割統治され、ウェールズはふたたび、各国が統合と分裂をくり返す時代を迎えます。そうして12世紀には、グウィネズ王国、デハイバース王国、ポウィス王国が台頭します。

アイルランド島はケルト人（ゲール人）の支配する土地で、ドルイドのもとで自然崇拝が行われてきました（くわしくは16ページ参照）。432年には、アイルランド島に聖パトリックがやってきてキリスト教を広めたことで、自然崇拝とキリスト教は融合していきます。

6世紀ごろのアイルランド島には、150に及ぶゲール人の小王国が乱立していました。8世紀まで、修道院運動を展開するキリスト教を中心に、ゲール人は平和な時代を過ごします。

ところが8世紀末、アイルランド島にもヴァイキングが出没するようになり、襲撃をくり返します。やがてヴァイキングが住み着き、砦を築きます。ゲール人は抵抗しますが、部族間のまとまりは弱く、多くの修道院などが略奪、破壊されました。

10世紀後半、ヴァイキングの横暴に対して立ち上がったのが、アイルランド国王を自称する部族王のブライアン・ボルーです。1014年、ボルーはアイルランド統一を果たし、ヴァイキングを撃退します。

以後、アイルランドではヴァイキングの脅威は薄れていきます。アイルランドに居住していたヴァイキングはキリスト教に改宗し、ケルト人と融合していきました。

ひみつコラム

連合王国の国旗・国章

4カ国の連合王国なのに3カ国分しかない!?

イギリスという国家は、複数の国が時代とともに集まってできました。そのことは式典などの国事行為で使われる国旗からも見てとれます。イギリスの国旗は「ユニオンフラッグ」、または「ユニオンジャック（Union Jack）」と呼ばれています。「ユニオン」は「連合」、「ジャック」は「船首に掲げて国籍を示す旗」を意味します。

複数の旗が1つになることで、ユニオンジャックはできています。最初は「白地に赤十字の聖ジョージ旗」というイングランド旗だけでした。その後、「青地に白のX字型十字の聖アンドルー旗」というスコットランド旗が合わさります。そして最後に「白地に赤のX字型十字の聖パトリック旗」というアイルランド旗が合流しました。

「あれっ、ウェールズは?」と思うかもしれません。ウェールズがイングランドに併合されたのは、ほかの2カ国よりもずっと古く、イングランドの旗ができる前からイング

〈1603年の国旗の成立〉

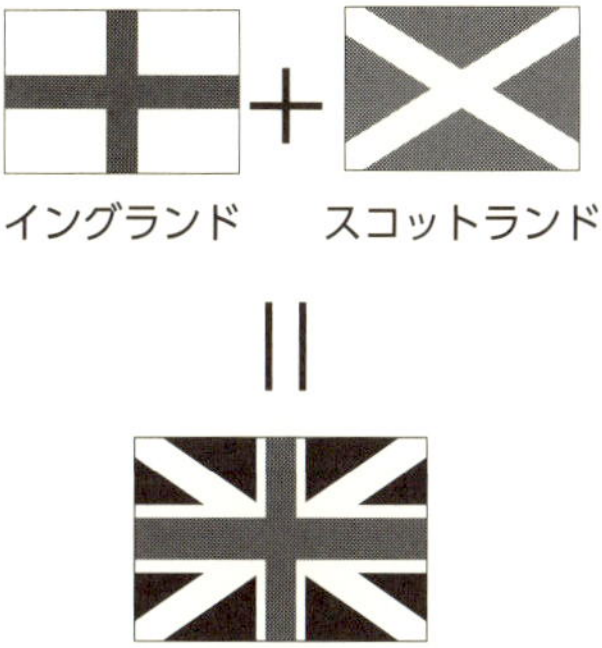

〈1801年の国旗の成立〉

ランドの一部と考えられていたからです。そんなウェールズの旗は、1959年になって、ようやくつくられました。

　旗と並んで公の場で見る機会の多いのが、「国章（王家の紋章《もんしょう》）」です。イギリスの国章もまた、旗と同じように複数の国章で構成されています。イングランドは赤地に黄色の3頭のライオン、スコットランドは黄地に赤い1頭のライオン、アイルランドは紺《こん》地に金色のハープに銀色の弦《げん》が描かれています。

　ここでも、やはりウェールズの紋章はありません。理由は旗と同じです。

　ちなみに、国章を支えている動物（国獣）のうち、ライオンはイングランド、ユニコーンはスコットランドを表しています。

知れば知るほどおもしろいイギリスの偉人❷

領民のために体を張った淑女《しゅくじょ》

ゴディヴァ夫人

Lady Godiva

（990ごろ～1067）

夫の悪政を妻が身をもって止める

北海帝国に組み込まれていた時代のイングランドには、強い権限を持つ貴族が複数いました。マーシア伯レオフリックも、そうした有力貴族の１人です。

伝説では、レオフリックは領地のコヴェントリーの領民に多額の税金を課して苦しめていました。情け深いレオフリック夫人のゴディヴァが減税を訴えると、レオフリックは裸身で馬に乗って街を１周すれば、減税すると、無茶な約束をします。ゴディヴァはそのとおり実行し、約束どおり領民は減税となったのです。

ゴディヴァが１周する際、その心意気を感じた領民たちは目を伏せていましたが、ただ１人、トムという男が盗み見ました。これが「ピーピング・トム（のぞき魔）」の由来といわれています。

有名チョコレートメーカーのゴディヴァは、この夫人の名前が由来です。

chapter 3

国内外で戦乱

フランスよりの征服者

イングランド王ハロルド2世に勝利したノルマンディー公ギョームの軍は、勢いそのままに各都市を占拠《せんきょ》し、ついにはロンドンを制圧します。そして1066年12月25日、ギョームはウェストミンスター寺院で戴冠式を行い、ウィリアム1世としてイングランド王に即位しました。ここから「ノルマン朝」がはじまります。

なおノルマン朝より、王の名前に「1世」「2世」とつけるのが慣例となりました。

ノルマン人であるウィリアム1世がイングランドを征服し、王となったできごとは「ノルマン・コンクエスト（ノルマン人の征服）」と呼ばれます。これ以降、ドーバー海峡を越えて侵攻し、ブリテン島を征服した民族はいません。

ノルマン朝のはじまりはイングランドの転換点といえます。第一に、それまでのデーン朝時代の北欧の国ぐにとの密接な関係は薄れ、フランス王国やイタリア王国とつながりを持つようになりました。アングロ・サクソン人貴族の土地はほとんど没収され、ノルマン人貴族に与えられます。加えて、国内の高位聖職者の多くが、フランスやイタリアから招かれました。

第二に、ウィリアム1世は世界初の土地台帳を作成しました。これは、ノルマン人貴族が新たに所有する土地の状況の調査と、土地にかかる税金を効率よく徴収するためといわれています。ウィリアム1世は貴族に土地を与えることで忠誠を誓わせ、戦争の際に兵を供出させるという、いわゆる封建制を確立します。

第三に、フランス文化の流入です。ドイツ語に近かった当時の英語に、ノルマン人のフランス語由来の言葉が導入されました。たとえば「ポーク」や「ビーフ」などの単語がそうです。フランス語はイングランド上流階級の公用語となり、平民はこれまでどおり英語を話しました。14世紀に

はじまる百年戦争まで、フランス語は上流階級の公用語だったのです。

都市には、堅牢《けんろう》な石造りが特徴のノルマン様式の建築物がつくられました。当初は城《じょう》塞《さい》として築かれ、のちに監獄《かんごく》となるロンドン塔や、ダラム大聖堂が代表的な建物です。

自分たちの社会がフランス式に変えられていき、ノルマン人の支配を受け入れられないアングロ・サクソン人は毎年のように反乱を起こしましたが、鎮圧されました。

さて、イングランド王となったウィリアム1世でしたが、ノルマンディー公という身分はそのままでした。すなわち、イングランド王であると同時に、フランス王の家臣でもあったのです。このねじれた関係が、のちの百年戦争の引き金になります。

2人のマチルダ

ウィリアム1世は1087年に死去し、領地は分割相続されます。本拠地であるノルマンディー公国は長男のロベールが、イングランド王国は三男のウィリアム2世が治めました。ところが、ウィリアム2世は狩りの最中に当たった矢がもとで、命を落とします。ウィリアム2世には跡継ぎがいなかったため、1100年、ウィリアム1世の末子のヘンリが、勝手にヘンリ1世としてイングランド王に即位します。

ヘンリの即位に、イングランド支配を目論《もくろ》んでいたロベールは激怒し、イングランドに侵攻します。このとき、ヘンリ1世はロベールに金を支払い、ノルマンディーへの野心の放棄を約束し、イングランド王の地位を確保しました。

そんな弱腰《よわごし》の王に対し、イングランドと大陸の両方に領地を持つイングランド貴族が不服として反乱を起こしたため、ヘンリ1世はノルマンディーとの統一を決意します。1106年、ヘンリ1世はノルマンディーに攻め込み、ロベールに勝利してノルマンディー公を兼ねます。とらえられたロベールは、ウェールズの城に28年間監禁された末に亡くなりました。

ノルマンディーも統治することとなったヘンリ1世には、王位継承権のある跡継ぎのウィリアムと娘のマチルダ、そして継承権のない息子のグロウスター伯ロバートなどがいました。このウィリアムが不慮《ふりよ》の事故で亡くなったことから、ヘンリ1世はマチルダを後継者に指名します。

このとき、マチルダは神聖ローマ皇帝ハインリヒ5世に嫁いでおり、その称号は「皇《こう》

ノルマン朝を中心とした家系図

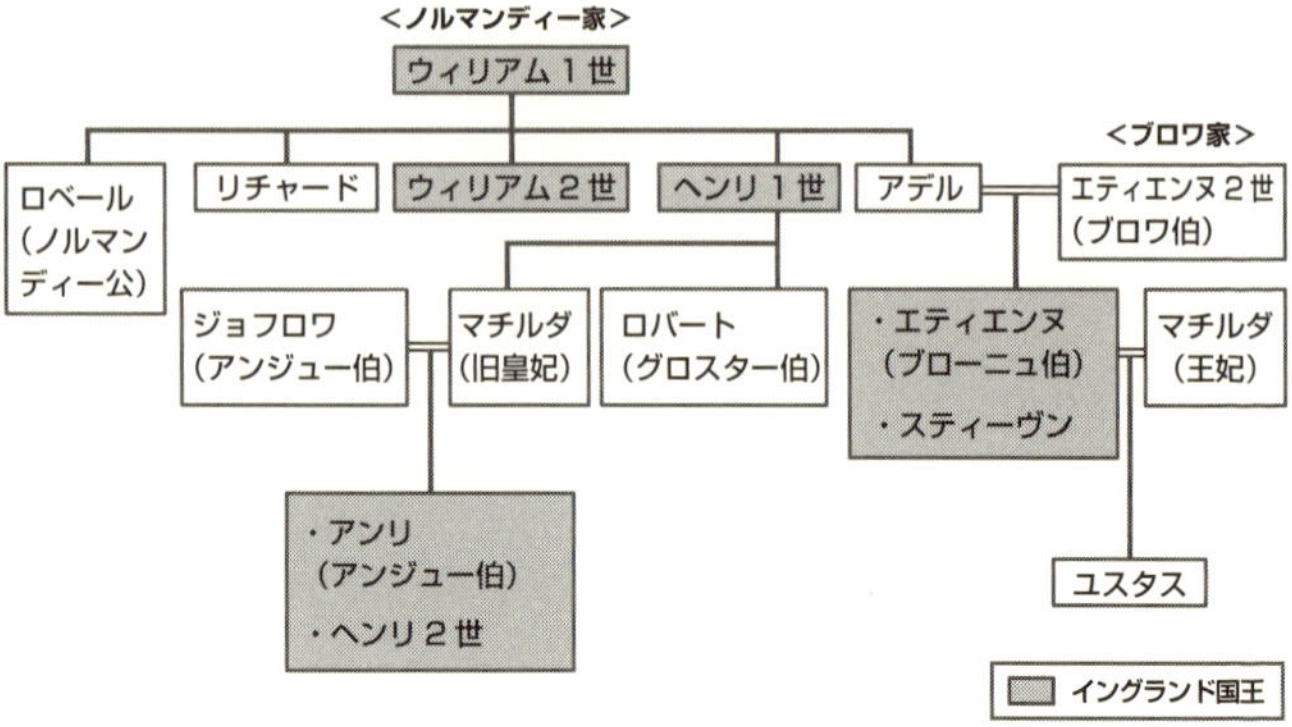

妃《ひ》（エンプレス）」とされます。ところが子どもに恵まれないまま、夫のハインリヒ5世は死去しました。

夫の死後、イングランドにもどったマチルダは、今度はアンジュー伯のジョフロワと再婚。長男のアンリが誕生します。アンジューは現在のフランス中央部、ノルマンディー公国の隣にあり、もともと両国は長年にわたり領地をめぐって争う関係でした。

1135年、ヘンリ1世はノルマンディー公国で亡くなりました。その死を知ったヘンリ1世の甥《おい》であり、フランスのブロワ家出身でブローニュ伯のエティエンヌは、すぐさまロンドンに赴《おもむ》き、反マチルダ派の教会と多くの貴族の協力もあり、イングランド王スティーヴンとして即位します。

一方で後継者であったマチルダは、アンジューにいたため、スティーヴンの即位の動きへの対応が遅れてしまいました。

このスティーヴン王の治世は、その出身家から「ブロワ朝」とも呼ばれます。

スティーヴンの即位に、マチルダは手をこまねいていただけではありません。叔父《おじ》（もしくは伯父）のスコットランド王デイヴィッド1世や異母兄のグロスター伯ロバートを味方につけ、王位を奪おうとします。夫のジョフロワは、フランス王からノルマンディー公として認められています。

2人の争いによりイングランドは内乱状態に陥《おちい》りました。状況はマチルダ有利に傾き、1141年のリンカンの戦いで勝利を収め、スティーヴン王を捕虜《ほりょ》とします。勢いに乗ったマチルダは「イングランド並びにノルマンディーの女性君主」として戴冠式を行おうと、ウェストミンスター寺院に進軍しますが、反対勢力にはばまれます。阻止《そし》したのは、スティーヴン王の妃《きさき》のマチルダが率いる軍でした。

王妃《おうひ》マチルダは夫が捕らわれながらもスティーヴン派を結束させ、戦いに勝ちロバートを捕虜にしました。そして、スティーヴン王とロバートは交換され、解放されます。
内乱は奇《く》しくも、マチルダという同じ名前の女性による争いとなっていたのです。

強大なアンジュー帝国

イングランドの内乱は、1147年にグロスター伯ロバートが死去し、その翌年に旧皇妃マチルダが大陸にもどったことで新たな局面を迎えます。旧皇妃マチルダに代わり、ノルマンディー公を継いだ息子のアンリが参戦しました。1151年には父のジョフロワが死去したことで、アンリはアンジュー伯を継ぎます。さらにその翌年には、フランス王ルイ7世と離婚したアリエノールと結婚しました。アリエノールはフランス南西部のアキテーヌ公の娘です。

この結婚によってアンリは、フランスにおいてノルマンディー、アンジュー、アキテーヌという広大な領地を所有するにいたったのです。その広さはフランス王の領地よりも大きいものでした。

アンリは幸運にも恵まれました。アリエノールとの結婚の少し前、王妃マチルダが亡くなり、1153年にはスティーヴン王の息子のユスタスも急死したのです。戦意を失ったスティーヴン王は、同年にアンリとウォーリングフォード条約を結びます。これは自身の死後、イングランド王位をアンリに譲るという内容でした。

スティーヴン王は1154年に亡くなり、ブロワ朝はわずか1代で終わります。そして条約にのっとり、アンリはイングランド国王ヘンリ2世として即位しました。ヘンリ2世を始祖とする王朝は「アンジュー朝」、またはアンジュー家の紋章《もんしょう》である植物のエニシダ（プランタ・ジェネスタ）から「プランタジネット朝」と呼ばれます。

イングランド王となったことで、ヘンリ2世の領地はさらに拡大しました。イングランドに加え、フランス南西部一帯、ピレネー山脈にいたる地域の支配者となったのです。

さらに、ウェールズのデハイバース公国（ヘンリ1世の時代にイングランドに臣従）を支配下に収めます。そしてローマ教皇に代わって、アイルランドでキリスト教を布教する代わりとして与えられたアイルランド太守の地位を理由に、アイルランドへ侵攻し、支配下に収めました。

あまりに広大な領地だったため、ヘンリ2世の領地は「アンジュー帝国」と呼ばれます。ただし帝国といっても、それぞれの領国ごとに、慣習や身分制度、貨幣制度は異なることから、北海帝国と同様に便宜《べんぎ》的な呼び方であり、正式な国名ではありません。

イングランドを得たヘンリ2世がまず行ったことは、国内の立て直しでした。スティーヴン王や旧皇妃マチルダが自陣営を有利に導くため、有力領主に土地や権利を与えた結果、領主の権力は増大し、州長官などの地方官僚は領主に支配され、領民に圧政を敷《し》いていたのです。そこでヘンリ2世は、官職のいくつかを廃止したり、州長官への監視を強化したりして領民を保護しました。さらに地方での重要事案を決める際には、中央政府が定期的に派遣する判事団が裁判を開き、民衆の訴えが国王に届くようにしました。

国家規模の家族げんかに

領地を手に入れすぎて運が尽きたのか、晩年のヘンリ2世は家族関係に悩まされます。まず、王妃アリエノールと険悪な仲になりました。ヘンリ2世が愛人に心移りしたことが原因です。そのアリエノールとの間には、5人の息子と3人の娘がいました。長男は早くに死去し、次男のヘンリ若王《わかおう》が後継者となり、名目上はヘンリ2世と共同で領地を

アンジュー帝国の領域

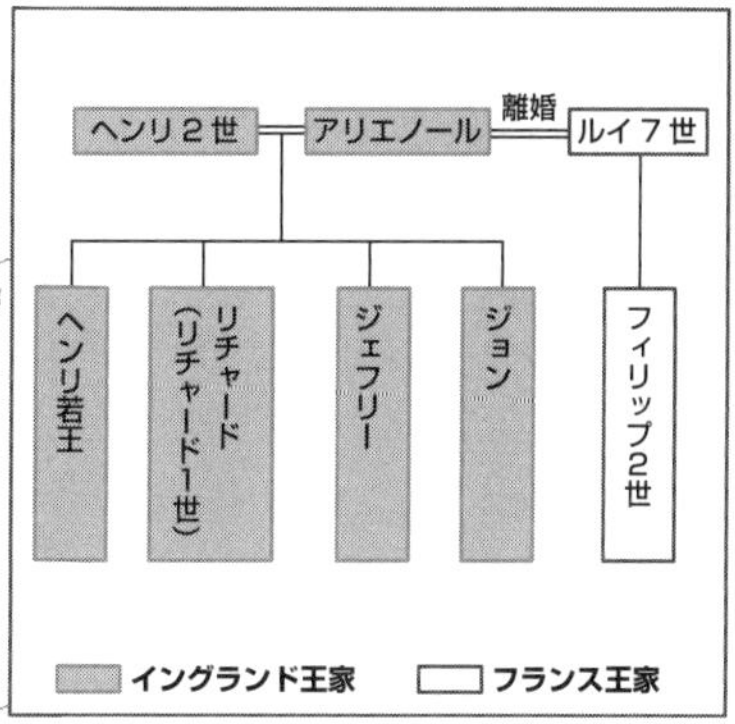

統治していました。

何の問題なく相続されると思われていましたが、1173年にヘンリ2世が溺愛《できあい》している末子のジョンに、ヘンリ若王へ譲るはずの領地を与えようとしたことで争いが起こります。なぜなら、ヘンリ2世から与えられるべき領地は兄弟に分配されており、アリエノールが45歳のときに生まれたジョンには残っていなかったからです。

激怒したヘンリ若王は挙兵し、そこにリチャード、ジェフリー、アリエノールに加え、フランス国王ルイ7世とスコットランド国王ウィリアム1世まで加勢しました。対して、ヘンリ2世は帝国内からもたらされる豊富な資金を元手に傭兵《ようへい》を雇《やと》って反撃。ヘンリ若王一派を屈服させ、アリエノールを幽閉《ゆうへい》します。

やがてヘンリ若王とジェフリーが相次いで死去すると、リチャードが新たな後継者となります。すると今度は、リチャードにアキテーヌをジョンへ与えるようにヘンリ2世は命じます。リチャードはこれを拒否し、フランスの新たな王フィリップ2世と手を組んで対抗しました。リチャード側が優勢になると、ジョンがヘンリ2世を裏切ってリチャードに手を貸します。

ジョンの寝返りにショックを受けたヘンリ2世は、アンジュー領内の城で失意のままに亡くなります。1189年、リチャードは新たにアンジュー帝国の主となり、イングランド王リチャード1世として即位しました。騎士道精神の持ち主であり、勇猛果敢な戦いぶりから「獅子心王《しししんおう》」の異名で知られる人物です。

リチャード1世は即位した同年12月、ローマ教皇からの要請を受け入れ、翌年、イスラム教の勢力下にあったキリスト教の聖地エルサレムを取りもどすため、フランス王フィリップ2世や神聖ローマ皇帝フリードリヒ1世らとともに第3回十字軍に参加します。ところが、エルサレムに到着する前にフリードリヒ1世は死去したうえ、フィリップ

2世は到着して早々に帰国しますが、リチャード1世は2年間戦い続けました。最終的にイスラム教徒側と休戦して講和条約を結び、エルサレムは取りもどさずに帰国します。

しかしイングランドへの帰国の途中にとらえられ、アンジュー帝国を危険視する神聖ローマ皇帝ハインリヒ6世に引き渡されます。ハインリヒ6世は解放条件として、15万マルク（純銀にして35トン）、当時のイングランドの年間収入のおよそ3倍もの法外な身代金を要求しました。

この身代金を支払うために、奴隷以外の国民は年収の4分の1を納めるという税金が導入され、アンジュー帝国の領民が塗炭《とたん》の苦しみをなめました。とりあえず10万マルクをハインリヒ6世に納めたことで、リチャード1世は解放されます。

リチャード1世が幽閉されている間、フィリップ2世はノルマンディーやトゥレーヌなど、アンジュー帝国の大陸の領地を奪っていました。しかもジョンがフィリップ2世と共謀《きょうぼう》しており、リチャード1世にイングランド王位を要求します。

イングランドに帰国したリチャード1世はすぐさま大陸に渡り、獅子奮迅《ししふんじん》の動きで領地を取り返すと、ジョンを降伏させました。ところが、この戦いでの傷がもとでリチャード1世は1199年に死去します。その武勇から高名ではありますが、戦争に明け暮れ、莫大《ばくだい》な身代金のこともあって、国民に経済的な負担を課したことは、アンジュー帝国の崩壊の一端となったと考えられています。

ジョンという名の王は1人きり

リチャード1世の死により、ついにジョンはイングランド王に即位しましたが、ノルマンディーやアンジューはフィリップ2世にあっさりと奪われます。むしろ、大陸の貴族が進んでフィリップ2世に服従したといわれます。というのも、ノルマン・コンクエスト時には、イングランドと大陸の両方に領地を持っていた貴族も、このころには本家、分家といった家の分化が進み、大陸にしか領地のない貴族のイングランド王への忠誠心は希薄になっていたからです。

フランスへの反抗を促したジョン王でしたが、大陸の貴族は聞く耳を持ちませんでした。結果として、大幅に大陸の領地を失ったことで、ジョン王は「ノルマンディーの喪《そう》失者《しつしゃ》」とも呼ばれます。

大陸の領地を奪還するため、ジョン王は1214年に神聖ローマ皇帝オットー4世と同盟を組んでフランスに遠征しますが、敗れてイングランドへ逃げ帰りました。

それでも旧領地をあきらめきれないジョン王は、戦費を調達する目的で貴族に相談せずに何度も税を取り立てます。しかもイングランド貴族は大陸に領地を持っていなかったことから、領地奪還はメリットがなく、税の負担に反感を持つようになっていきました。

1215年、鬱憤《うっぷん》が高まったイングランド貴族は王権を制限し、貴族の権利、都市の自由をジョン王に迫り、認めさせます。これを文書化したものが「マグナ・カルタ（大憲《だいけん》章《しょう》）」と呼ばれ、現在のイギリスにおいても国王の専制から、国民の権利や自由を守る典拠《てんきょ》となっています。というのも、イギリスの憲法は「不文《ふぶん》憲法」といって、日本国憲法のよう

に法典がなく、制定法や議会法、判例、慣習などの積み重ねで成り立っているからです。

一度はマグナ・カルタを認めたジョン王でしたが、すぐにその無効を主張したことで、貴族との戦争（第1次バロン戦争）に発展します。

はじめは国王軍が優勢でしたが、イングランド貴族に助けを求められたフィリップ2世が、息子であり王太子のルイをイングランド王位の次期継承者として送り込んだことで形勢は逆転。ジョン王は敗れ、1216年に病死します。

新しいイングランド王には、ジョンの息子がヘンリ3世として即位しました。幼少だったヘンリ3世を支える貴族のウィリアム・マーシャルは人望があり、さらにマグナ・カルタを遵守《じゅんしゅ》すると約束したことで、イングランド貴族の多くが国王側につきます。形勢は一気に国王側へ傾き、連

そのころ、日本では？

イングランドで国王側と貴族側とが争っていたころ、日本でも主従の争いが起こっています。1221年に起こった、京都の朝廷と鎌倉幕府による承久の乱がそうです。この戦いに勝利した鎌倉幕府は、北条氏主導のもとで、以後、約100年にわたって政治の実権を握ります。

戦連敗したルイはイングランド王位への要求を取り下げました。

ジョン王は、アンジュー帝国の広大な領地を失い、諸侯への求心力がなかったことから、暗愚《あんぐ》なイメージが強く、以降のイングランド王家でジョンという名前をつけられた者はいません。中世イングランドの伝説的な英雄「ロビン・フッド」を主人公とした物語において、悪役としてジョン王は登場することもあります。

ついえた帝国再興の野望

第1次バロン戦争が終結し、ヘンリ3世は有力貴族と和平を結びました。有力貴族や聖職者は「諸侯大会議（パーラメント）」を開き、ジョン王の時代からの忠臣とともに、幼いヘンリ3世を支えます。

大陸の領地を失い、イングランド王がイングランド国内で政治を行うようになったことで、年4回、ウェストミンスターで定期的に諸侯大会議が開催されるようになります。この諸侯大会議が、現代のイングランド議会（パーラメント）の原型となりました。

13世紀半ばに開かれた46回に及ぶ初期の諸侯大会議では、国王の側近や貴族、高位聖職者のほかに、各州から騎士、各都市から市民や下層聖職者が参加しました。

議会がイングランドの政治を動かすようになっていた1232年、25歳になったヘンリ3世はみずから政治を行おうとしたため、議会と衝突するようになりました。ヘンリ3世には、ジョン王が失った大陸の領地を取りもどす野心があったからです。1242年、ヘンリ3世は議会の反対を押し切ってフランスに遠征しますが、かんばしい成果は得られませんでした。

さらに当時、神聖ローマ皇帝と対立していたローマ教皇がヘンリ3世を懐柔《かいじゅう》するために、イタリアのシチリア国王にヘンリ3世の次男を推挙します。シチリアを支配していたのは神聖ローマ皇帝の子であり、排除するためにヘンリ3世がシチリアに遠征する必要がありました。しかし巨額の戦費がかかることから議会は反発。計画は失敗します。

議会の反対で遠征が困難となったヘンリ3世は、1259年にフランス王ルイ9世とパリ条約を結びます。この条約は、ヘンリ3世がアンジューやノルマンディーなど北西フランスにおける権利を手放す代わりに、アキテーヌ公としてフランス南西部のガスコーニュの領有を認めるものであり、アンジュー帝国を再建する野望はついえます。

国王と議会の対立は、ふたたび貴族の反乱を招きます。1264年、ヘンリ3世の義弟のレスター伯シモン・ド・モンフォール率いる貴族軍がウェールズの諸侯と組み、反乱を起こします（第2次バロン戦争）。

モンフォール軍は、ヘンリ3世や王太子エドワードをとらえることに成功します。ところが、エドワードが脱走し、国王軍を立て直して再戦すると、貴族軍は敗れてモンフォールは戦死、反乱は収まりました。第2次バロン戦争の結果、ヘンリ3世は議会の重要性を認め、王権と議会の協調が国の運営に大切であると考えるようになります。

ヘンリ3世が1272年に亡くなると、エドワードがエドワード1世としてイングランド王に即位しました。

やっと国境が確定

イングランドでノルマン・コンクエストが起こる少し前、スコットランドでは、王位継承権争いが起こっていました。

スコットランド王から王位を奪ったマクベスは、統治能力に秀《ひい》でていて1040年から当時としては長く、17年もの間、王位に就いていました。最期は、先王の子であるマルカム・カンモーとの戦いに敗れ、死去します。

マルカム・カンモーは、1058年にスコットランド王マルカム3世として即位します。亡命先のイングランドで育ったマルカム3世は、アングロ・サクソン人の文化を好み、妻もウェセックス王家の血筋でした。このマルカム3世によって、スコットランド南部はイングランド化していき、それまでのゲール語ではなく英語が話されるようになります。

しかしながら、スコットランドとイングランドの国境線は明確でなかったこともあり、互いに侵攻をくり返していました。1237年にヘンリ3世とスコットランド王アレグザンダー2世との間で「ヨーク条約」が結ばれ、ようやく国境が確定しました。

13世紀のウェールズでは、グウィネズが頭1つ抜きん出ます。そして、グウィネズ公ルウェリン・アプ・グリフィズは、1258年にウェールズの支配者として「プリンス・オブ・ウェールズ（ウェールズ大公《たいこう》）」を名乗ります。1267年にはヘンリ3世が、ルウェリンのプリンス・オブ・ウェールズの地位を認めました。

ブリテン島統一を目指す

イングランド王となったエドワード1世は、祖父や父と違い、就任当初から議会を尊重しました。ローマ教皇から寄進《きしん》を求められても、「議会の承認が必要」と拒否。外国との講和を結ぶ際にも、必ず議会に相談しました。さらにこの時代の議会には、オックスフォード大学やケンブリッジ大学で学んだ法律家が多く参加しています。

エドワード1世が議会を重視したのには理由があります。それは、エドワード1世の野望であるブリテン島の統一、すなわちウェールズとスコットランドに攻め込むための莫大な戦費が必要だったのです。

マグナ・カルタによってイングランド王の王権は制限されており、新たな税の徴収には議会の承認が必要でした。そこでエドワード1世は、ヨーロッパで需要の高まった羊毛に目をつけて輸出関税を設け、税収を増やします。

1277年、準備を整えたエドワード1世はウェールズへの遠征を開始します。プリンス・オブ・ウェールズのルウェリンが、エドワード1世への主従関係を明確にする臣従礼を欠いたのが要因の1つといわれています。圧倒的な戦力を持つイングランド軍の前に、ルウェリンは降伏します。その後、ルウェリンは蜂起《ほうき》しましたが、敗れて戦死します。これで、ウェールズ人によるウェールズの統治は終わりました。

プリンス・オブ・ウェールズの称号は、1301年にエドワード1世の息子（のちのエドワード2世）に授けられます。以降、イングランド王家の王位継承権第1位の王子にこの称号が与えられることになり、ウェールズ公国の支配の証《あかし》となるのです。

1295年には、スコットランドへ遠征する戦費の調達を認めてもらうため、ウェストミンスター宮殿で議会を開きました。このときの議会は、のちの議会のお手本となったことから「模範《もはん》議会」と呼ばれ、上院、下院の二院制が確立していきます。

1291年にスコットランドの王位継承問題に介入したエドワード1世は、スコットランドの王族で親類にあたるジョンをスコットランド王に立てました。しかし、イングランドの属国化を恐れたスコットランド貴族の後押しにより、ジョン王がイングランドの敵国となったフランスと手を結びます。これを理由に、エドワード1世は1296年、スコットランドに進軍します。

攻め寄せるイングランド軍にジョン王は屈服し、スコットランド王位と王権をエドワード1世に譲ります。スクーンの石（くわしくは39ページ参照）までも、エドワード1世に奪われました。スクーンの石はその後、ロンドンのウェストミンスター寺院に置かれ、700年後の1996年にスコットランドへ返還されています。

それでも、イングランドの支配にスコットランドは抵抗します。1306年にはスコットランド王位継承者を自称するロバート・ブルースが、ロバート1世を名乗り即位しました。エドワード1世はふたたびスコットランドに遠征しましたが、その途中で病死します。ロバート1世は、新たに即位したイングランド王エドワード2世を、1314年のバノックバーンの戦いで破り、スコットランドの独立を維持しました。

百年戦争の足音

エドワード2世は問題のある人物だったといわれています。お気に入りの家臣に権力を与えすぎたために妃のイザベルを中心とする貴族の反感を買い、1327年に廃位されたうえ暗殺されました。イザベルはフランス王（カペー朝）フィリップ4世の娘です。

イングランド王位を継承したのは、カペー朝の血筋でもある息子のエドワード3世でした。年若い王の後ろ盾は、イザベルとその愛人のロジャー・モーティマです。政治の実権を取りもどそうとしたエドワード3世は、1330年にモーティマを処刑し、イザベルを幽閉すると、みずから政治を行います。

エドワード3世の治世には、イングランド議会は貴族たちで構成される「貴族院（上院に相当）」と、騎士や都市と州の代表者で構成される「庶民院（下院に相当）」の二院制へと移りました。また、それまで「伯」や「諸侯」といった曖昧《あいまい》な区分であった貴族の身分が、「公《こう》」「侯《こう》」「伯《はく》」「子《し》」「男《だん》」の5つの爵位《しゃくい》に明確化されたのもこのころです。

一方のフランスでは、1328年にカペー朝のフランス王シャルル4世が死去しました。後継者がいなかったため、カペー朝は断絶します。このとき、エドワード3世はフランス王家の血筋を引いていることからフランス王位の継承権を主張しました。しかし新しいフランス王には、エドワード3世の母イザベルと、シャルル4世の従兄弟にあたるヴァロワ家のフィリップが即位しました。ヴァロワ朝の初代国王フィリップ6世です。

ヴァロワ家はカペー家の分家でもあったので、フィリップの即位はエドワード3世に

百年戦争時のイングランドとフランスの王家

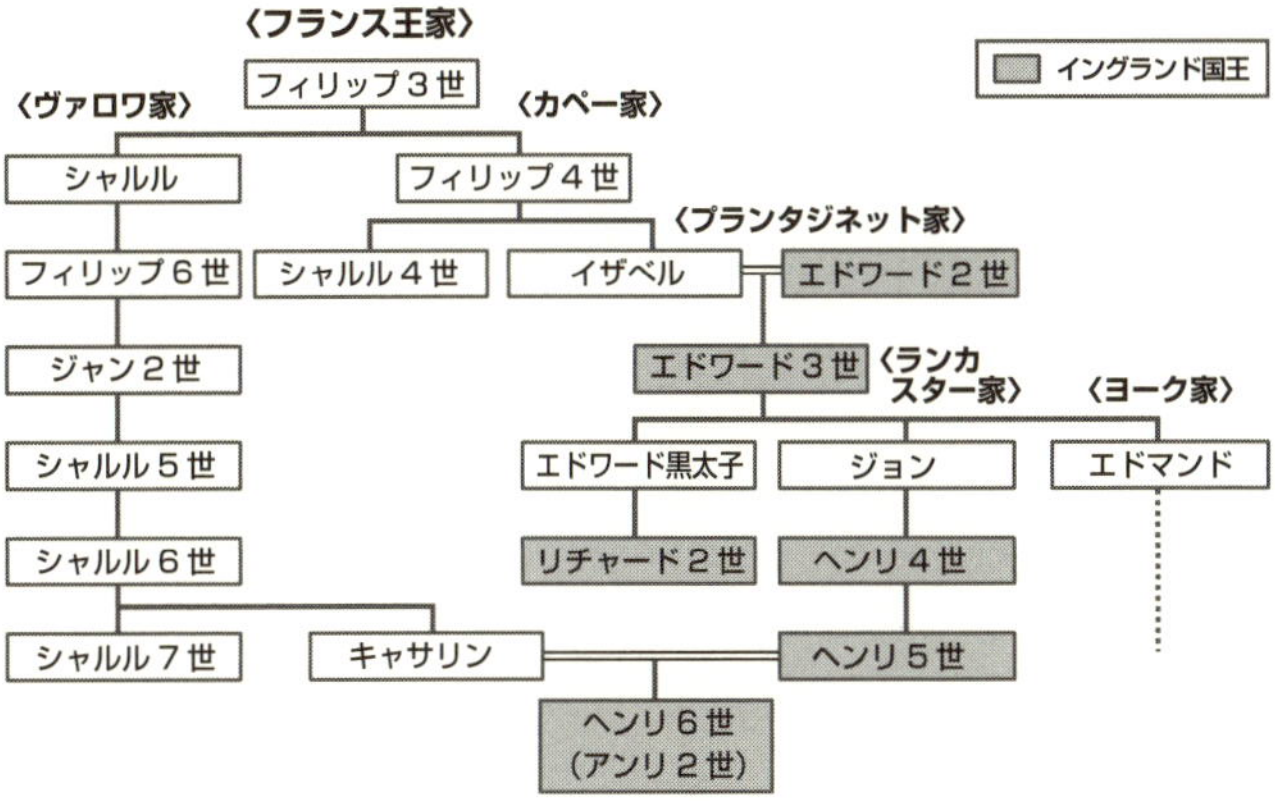

は不満でした。それでもいったんは即位を認め、フランス貴族のアキテーヌ公という立場でフランスへ渡り、フィリップ6世に臣従の礼をとりました。

ところがエドワード3世は、1337年にフィリップ6世をフランス王として認めたことを取り消し、フランス王位を要求して宣戦布告します。同年にフィリップ6世からアキテーヌ公領の没収を宣言されたことも要因です。

そして1339年にフランスへ侵攻し、百年戦争がはじまります。

イングランド軍が優勢

1340年、エドワード3世はヘント（現在のベルギーの都市）でフランス王を名乗ります。

大陸に進軍したイングランド軍はフランス軍に対し、開戦当初から優位に立ちました。1355年からはエドワード3世の息子のエドワードが遠征軍を率いるようになります。黒い鎧《よろい》を装着していたのでエドワード黒太子《こくたいし》と呼ばれる人物です。

1356年のポアティエの戦いでは、死去したフィリップ6世の息子で、フランス王のジャン2世をとらえる大金星をあげます。その勢いのままに王都パリを包囲すると、1360年に講和条約を結びました。条約の内容は、ジャン2世を解放し、イングランド王がフランス王でもあるという主張を取り下げる代わりに莫大な身代金を支払い、アキテーヌやカレーなど広大な領地をイングランドに譲るというものです。こうして、百年戦争はひと区切りつきました。

1370年代に入り百年戦争が再開されると、イングランド軍は苦戦し、手に入れた領地は次々と奪い返されます。1376年にはエドワード黒太子が病死し、その翌年にはエドワード3世が死去しました。新たにイングランド王に即位したのが、エドワード黒太子の息子のリチャード（リチャード2世）です。リチャード2世は10歳と幼く、叔父のランカスター公など、有力貴族らによる評議会が政治をとり仕切りました。

伝染病がもたらしたもの

百年戦争により両国の民衆は苦しむ中、14世紀の災厄《さいやく》はそれだけではありませんでした。伝染病のペスト（黒死病《こくしびょう》）が、1348年にイングランドへ到達したのです。ペストはイングランド国民の3〜4割を死亡させたといわれています。14世紀はじめには400〜700万人いたという人口が、14世紀末にはほぼその半分まで減ったとされています。ヨーロッパの人口のじつに3分の1が死亡したともいわれています。ペストによって、1351年からイングランド、フランスの両国は休戦しなければならないほどの状況に陥ったのです。

人口減少は経済活動にも影響を与えました。労働力の不足により賃金が高騰《こうとう》したことで、地主は農民に高い賃金を払って雇うよりは、数十年単位の長期で農民に土地を貸したほうが得策と考えました。この結果、安定した耕作地を確保できた農民の生活環境は改善されます。

また、リチャード2世の治世時の1381年には、ワット・タイラーの乱という農民反乱が起こります。これは農民が困窮して立ち上がったのではなく、戦費に当てるために課された人頭税に反対したために発生しました。反乱後、地主からの農民の解放が進み、自由を得た農民は「独立自営農民（ヨーマン）」になりました。ただし、農民の反乱による社会不安は、百年戦争の長期化の遠因になったといわれています。

イングランド王兼フランス王

成長して政治を行うようになったリチャード2世は、当初こそ人望がありましたが、やがてお気に入りの家臣と好き勝手に政治を行うようになり、貴族の領地を没収するなど横暴なふるまいが目立つようになります。そこで貴族たちはリチャード2世をとらえ、議会の承認により1399年に廃位させました。そして翌年、獄中でリチャード2世は亡くなります。後継者がいなかったため、プランタジネット朝は幕を閉じました。

代わって議会で承認されてイングランド国王になったのが、リチャード2世の従兄弟にあたるランカスター家（プランタジネット家の分家）のダービー伯ヘンリでした。イングランド王ヘンリ4世として即位し、「ランカスター朝」がはじまります。

先王と異なりヘンリ4世は議会との協調路線を選び、フランスとの和平を模索しました。1413年にヘンリ4世は礼拝中に急死し、王太子のハリーがイングランド王ヘンリ5世として即位します。

ヘンリ5世の在位は10年ほどでしたが、その期間のほとんどをフランスとの戦争に費やしました。即位当時、百年戦争は休戦状態であり、その間に国力を整えると、フランス遠征に向かいます。1415年のアジャンクールの戦いではフランス王のシャルル6世に勝利しました。フランス国内がアルマニャック派とブルゴーニュ派の貴族とで対立していたことも、イングランドの優位にはたらきました。

この勝利でヘンリ5世はノルマンディー一帯を手に入れると、ブルゴーニュ派と組んでシャルル6世の娘のキャサリンを妻に迎えます。そしてシャルル6世の死後に、ヘンリ5世か、その後継者がフランス王位を継ぐというトロワ条約を結びました。

1421年、ヘンリ5世とキャサリンとの間に、息子のヘンリが生まれました。しかしその翌年、パリ郊外に滞在していたヘンリ5世が急死したため、息子のヘンリがイングランド王ヘンリ6世として即位します。さらに同年にシャルル6世が亡くなったことで、ヘンリ6世はトロワ条約に基づき、アンリ2世としてフランス王位も兼ねました。ここに史上初めて、イングランド王兼フランス王が誕生したのです。ヘンリ6世は即位時、生後9カ月に満たない歳でした。

ただし、マルマニャック派が立てたフランス王シャルル7世は、ヘンリ6世のフランス王への即位を認めませんでした。

百年戦争の終わり

イングランド軍は1428年に、マルマニャック派とシャルル7世の本拠地であるオルレアンを包囲します。そこへ現れたのが、フランス史上名高い、「オルレアンの聖女」と呼ばれるジャンヌ・ダルクでした。

ジャンヌはシャルル7世のもとに馳《は》せ参じると、フランス軍の指揮をとってオレルアンを開放します。そして1429年にシャルル7世は戴冠式を行い、正式にフランス国王となりました。一方でジャンヌは、1430年にブルゴーニュ派にとらえられます。

そのジャンヌをイングランド軍は買い取り、魔女裁判にかけて処刑しました。

ジャンヌを失ってもマルマニャック派の勢いは衰えず、シャルル7世はブルゴーニュ派と和解し、イングランドはブルゴーニュ派に同盟を破棄されました。フランス軍の攻勢により、1453年にはイングランドの大陸の領地はほぼカレーのみとなり、泥沼《どろぬま》の百年戦争は終結しました。

バラとバラの王位争奪戦

ようやく百年戦争は終わりましたが、終戦協定は結ばれませんでした。そのため以降もイングランドはフランスへ侵攻します。それは、ヘンリ6世がフランス王に即位したからフランスはヘンリ6世が支配するという大義《たいぎ》名分《めいぶん》ゆえです。イングランド王家は1801年まで「イングランド王兼フランス王」という称号を使い続けます。もちろんフランスは、ヘンリ6世のフランス国王即位を認めていません。

終戦のころ、ヘンリ6世にはフランスの大貴族の娘である王妃マーガレットとの間に王子のエドワードが生まれます。

バラ戦争で争う両家

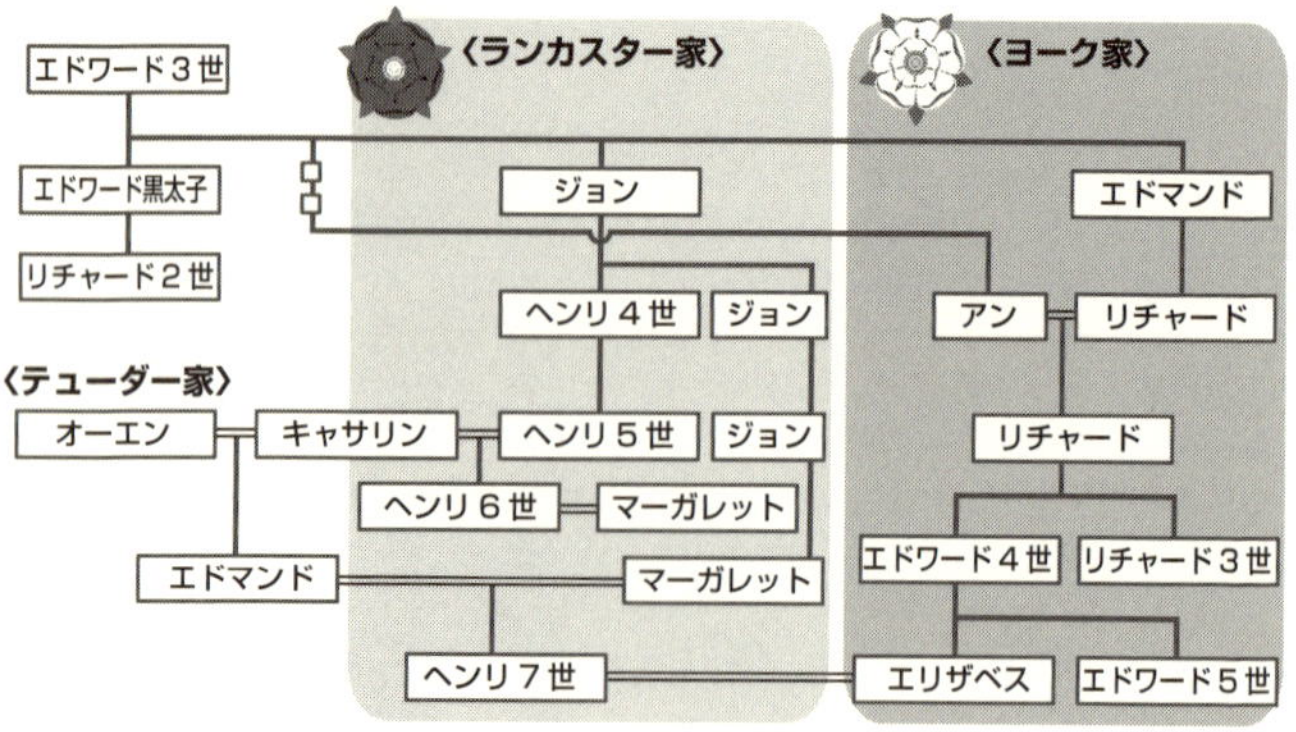

ところがヘンリ6世は病気になり、政務に支障をきたす状態となりました。そこでマーガレットは病気の夫と幼い子どもを守るために、自分が摂政《せっしょう》になるべく貴族にはたらきかけます。気が強く外国生まれのマーガレットはイングランド貴族に嫌われており、摂政への就任こそ議会で否決されますが、宮廷を自分の支配下に置きます。

王家のこの状況に、プランタジネット家の分家であるヨーク家のリチャードが、ランカスター家の王位継承に異を唱えて台頭します。さらに、王位をねらうリチャードは行動に出ます。

このランカスター家とヨーク家のイングランド王位をめぐる内乱が「バラ戦争」です。なぜバラなのかというと、ランカスター家が「赤（紅）バラ」、ヨーク家が「白バラ」を紋章としていたからです。

１４６０年、リチャードはノーサンプトンの戦いで病気から回復していたヘンリ６世をとらえたものの、議会にはいまだランカスター家の支持者がいたため王位を奪うまでにはいたらず、戦局が一進一退となる中、リチャードは戦死します。

新たなヨーク家当主にはリチャードの次男のエドワードが就きました。エドワードは有力貴族ウォーリク伯の後ろ盾を得て、１４６１年にロンドンに入ります。そして、とらわれの身だったヘンリ６世に代わり、ヨーク派の貴族の推挙で戴冠式を行うと、イングランド王エドワード４世として即位します。「ヨーク朝」のはじまりです。

即位後、エドワード４世はランカスター派を排除します。

そのころ、日本では？

イングランドの有力貴族が王位を争っていたころ、日本では次の室町幕府の次の将軍を誰にするかなどを発端として、それぞれの将軍候補を推す陣営が東西に分かれて戦いました。これが、1467年にはじまる「応仁《おうにん》・文明《ぶんめい》の乱」です。10年間続いた内乱により、日本は戦国時代に突入します。

ヘンリ6世とマーガレットはスコットランドに逃げました。
やがて、権力を持ちすぎたウォーリク伯をエドワード4世は疎《うと》んじるようになり、2人の仲が悪化しました。そんな中、スコットランドの支援を受けたヘンリ6世と、フランス王ルイ11世の支援を得たマーガレットが、1470年にイングランドへ帰還します。ヘンリ6世は、ヨーク派からランカスター派に鞍替《くらが》えしたウォーリク伯と組んだため、一時、エドワード4世はフランスのブルゴーニュ公領に亡命しました。

イングランド王位を取り返したヘンリ6世でしたが、1471年には帰国したエドワード4世により奪い返されます。イングランド貴族とロンドン市民に支持されたエドワード4世はヘンリ6世やウォーリク伯を処刑し、マーガレットを幽閉しました。こうしていったんはヨーク家が勝利しましたが、バラ戦争はまだ終わりません。今度はヨーク家で内紛が起こります。

1483年にエドワード4世が死去し、その長男がイングランド王エドワード5世として12歳で即位しました。しかし、叔父であり摂政のグロスター公リチャードがエドワード5世の王位継承の無効を議会に認めさせ、エドワード5世とその弟をロンドン塔に幽閉します。そうしてみずからは、リチャード3世としてイングランド王に即位しました。エドワード5世とその弟は消息不明となり、一説には、リチャード3世の命令で暗殺されたともいわれています。

即位したリチャード3世は、ほかの王位継承者や政敵を暗殺して権力基盤を固めたため、貴族は恐れました。

そこで立ち上がったのが、ヨーク家の迫害から逃れてフランスに亡命していた、ランカスター家の傍流《ぼうりゅう》にあたるテューダー家のヘンリ・テューダーです。1485年、ヘンリ軍はウェールズに上陸すると、イングランド中央部でリチャード3世軍と激突しました（ボズワースの戦い）。戦力はリチャード3世のほうが上回っていましたが、恐怖政治のつけでリチャード3世側では貴族が相次いで離反します。その結果、リチャード3世は戦死して、ヘンリは勝利をつかみました。こうして、30年に及んだバラ戦争が終結し、同時にヨーク朝は終わります。

戦いの勝利から2カ月後、ヘンリはウェストミンスター寺院で戴冠式を行い、イングランド王ヘンリ7世として即位しました。

知れば知るほどおもしろいイギリスの偉人③

スコットランド史にその名を刻む英雄

ウィリアム・ウォレス

William Wallace

（1270ごろ～1305）

スコットランド解放の原動力となる

時のイングランド王エドワード１世はブリテン島の統一を目論み、スコットランドの王位継承に介入。スコットランドが臣従するのをいいことに、エドワード１世は無茶な要求をスコットランドにするようになります。

この状況に立ち上がったのが、ウォレスです。スコットランド軍に参加してイングランド軍と戦い、スコットランド軍を勝利に導きました。この戦果に、ウォレスは騎士に叙任《じょにん》されます。ただし、エドワード1世みずから軍を率いて侵攻してくると、形勢は逆転。スコットランドはイングランドに制圧されます。

のちにウォレスはイングランド側につかまり処刑されますが、その愛国心はスコットランド人の心を打ち、のちのスコットランド解放の原動力となります。

ウォレスは英雄として、スコットランドの人たちの間で今も語り継がれています。

chapter 4

絶対王政とその反動

紅と白のバラが1つに

武力を用いて即位したヘンリ7世にとって、王位の正統性を高めることが生涯を通じての課題となりました。なぜなら、自分よりも王位を継承するのにふさわしい血筋の人物が、ほかにもたくさんいたからです。

ヘンリ7世は即位後まもなく、ヨーク朝最後の王リチャード3世の姪《めい》にあたるエリザベス・オブ・ヨークと結婚します。ヨーク家のエリザベスと、ランカスター家に連《つら》なるヘンリ7世の結婚は、両家の和解を象徴するできごとでした。このとき作成された、ヨーク家の白バラとランカスター家の紅バラを組み合わせた「テューダー・ローズ」は、テューダー朝の紋章となり、現在のイングランドの国章にも描かれています。

妃のエリザベスとの間に第1子が誕生すると、アーサーと名づけてプリンス・オブ・ウェールズとしました。命名は、古来からブリトン人が住んでいたウェールズで栄えたテューダー家に生まれた子が、アーサー王伝説ゆかりの地であるウィンチェスターで誕生したことを、アーサー王伝説に関連づけたイメージ戦略ともいわれています。

ヘンリ7世とエリザベスの結婚によって「紅白のバラが1つになった」とはいっても、「ヨーク家のほうが正統な王位継承者である」として、ヘンリ7世を引きずりおろそうとする貴族の反乱がいくつも起こりました。ヘンリ7世は、そうした貴族の勢力をそぎ、王権の強化をはかります。その手立ての1つが、ウェストミンスター宮殿内の星の間に開設した「星室《せいしつ》裁判所」です。この裁判所は、国王大権《こくおうたいけん》（君主が独占する権利）のもとで裁判が行われることから、国王の意に沿わない貴族や好き勝手にふるまう貴族を迅速《じんそく》に処罰することができました。

星室裁判所を活用しながら、君主が強大な権力をもとに政治を行うための基盤づくりが進められていきます。

政略結婚で戦争回避

王権が徐々に安定していく一方で、多くの貴族たちはバラ戦争の混乱によって力が弱まったり、家系が途絶えたりして領地を失います。その領地は国王の領地となりました。ヘンリ7世は領地の経営をしっかりと監視して、着実に収入を増やしていきます。また、外国と通商条約を結んだり、特定の商人を保護して海外市場での競争力の向上を促したりと、貿易振興策を進めることで関税収入を増加させました。これらの財政政策によって、即位した当時にくらべ、治世の末期には収入を3倍に増やすことに成功します。

さらにヘンリ7世は内政の安定化をはかると同時に、財政を圧迫する原因となる戦争を回避するため、外国との和平を重視した外交方針をとります。これまで良好な関係を築いていなかったスコットランドとは、娘のマーガレットをスコットランド王のジェームズ4世に嫁がせることで、和平を結ぶことに成功しました。

今でこそ先進国であるイギリスですが、当時のイングランドはヨーロッパでは小国であり、大国であるフランス王国とスペイン王国への対策が必要でした。そこでヘンリ7世は、スペインとの同盟を画策します。そのころ、スコットランドがフランスに近づきつつあり、スペインと手を結びスコットランドを牽制《けんせい》する思惑があったのです。

1501年には長男のアーサーとスペイン王女のキャサリン・オブ・アラゴンを縁組みさせ、スコットランドのときと同様に、婚姻によって和平関係を築きました。ところが、翌年にはアーサーが若くして急死します。スペインとの良好な関係を維持するために、今度は次男のヘンリを結婚させようとくわだてますが、兄嫁との婚姻は聖書の教えに抵触するため、時の教皇から許しを得て結婚にこぎつけました。

この結婚がイングランドの運命を大きく変えることになるのですが、ヘンリ7世はその変革を見ることなく、1509年に亡くなりました。

イギリス史において、武力によって王位を得たのはヘンリ7世が最後となりました。ヘンリ7世が残した政治基盤のもとで、その後に王位を引き継いだ子らは強大な権力をふるい、政治を行っていきます。

ヘンリ8世の離婚問題

ヘンリ7世の死により、次男のヘンリがヘンリ8世として即位しました。

前王が築いたのは堅実で倹約的な財政基盤と平和的な対外関係でしたが、ヘンリ8世が目指したのはそれとは真逆で、華やかな威厳のある王の姿でした。

即位後まもなく海軍を増強し、フランスとスペインを中心とする大陸の争いに積極的に関わっていきます。しかし、ふくらむ戦費の割にかんばしい戦果はあげられませんでした。しかも、火災に見舞われたウェストミンスター宮殿に代わり、ヘンリ8世は改装を重ねた建物を新たな宮殿（ホワイトホール宮殿）として、豪華な宮廷の生活を国民に見せつけるなど出費を重ねた結果、国庫は尽きてしまい、以後、財源の確保に奔走《ほんそう》することになります。

なお、宮殿として使われなくなったウェストミンスター宮殿では、現在にいたるまで議会が開かれるようになります。また、ホワイトホールの付近に複数の庁舎が建てられたことからホワイトホールは、現在のイギリスの官庁街を指す言葉になっています。

1520年代になると、後継者問題にも頭を悩ますようになります。

王妃のキャサリンとの夫婦仲は悪くなかったものの、男児には恵まれていませんでした。唯一、女児のメアリが育っていましたが、ただでさえ正統性の薄いテューダー朝に前例のない女王を立てることは、王位継承をめぐる争いを招く可能性がありました。

男児を切望するヘンリ8世は、キャサリンとの離婚を考えます。新しい妻としてヘンリ8世が選んだのは、キャサリンの侍女《じじょ》であったアン・ブーリンでした。40歳を目前にし、出産適齢期を過ぎていたキャサリンに代わり、10代と若く美しいアンに、ヘンリ8

世は跡継ぎを期待したのです。

ただし、これには大きな問題がありました。カトリックでは離婚は認められていなかったのです。そこで、キャサリンとの結婚を無効にする案がとられました。兄嫁との結婚はもともと成立していなかったのだと、ローマ教皇に認めてもらおうとしたのです。

こういった王や有力者の婚姻関係の解消は、当時はめずらしいことではありませんでした。加えて、ヘンリ8世は敬虔《けいけん》なカトリック教徒であり、カトリック教会を批判するなど「宗教改革」を起こした神学者のマルティン・ルターを非難したことから、教皇より「信仰の擁護者《ようごしゃ》」という称号を与えられていました。そのため、すぐにでも婚姻関係の解消が認められるとヘンリ8世は考えていました。

ところが間の悪いことに、当時、教皇がいたローマは神聖ローマ帝国軍によって支配されており、教皇は神聖ローマ皇帝カール5世の捕虜となっていました。このカール5世はカルロス1世としてスペイン王も兼ねており、キャサリンの甥だったのです。

跡継ぎを残せないからという理由で叔母《おば》が縁切りされることを、甥が許すはずもありません。カール5世を刺激してしまうヘンリ8世の要求を、教皇は認めませんでした。

イングランド国教会が成立

ローマ教皇から許しをもらえなかったヘンリ8世は、打開策として1529年に議会を召集します。この議会は断続的でしたが1536年まで続き、ローマ・カトリックからの離反に向けてさまざまな法が制定されたため、「宗教改革議会」と呼ばれます。

1532年、禄《ろく》を有した（一定の収入を得る権利を持つこと）聖職者が教皇庁へ金銭を納めることが禁止されました。これは教皇に対し、婚姻関係の解消を認めさせるためのおどしでしたが、その効果はなく事態は進展しませんでした。この2年後には正式に金銭を納めることが禁止されました。

教皇との駆け引きの間にアンは身ごもります。生まれた男児を跡継ぎとするには、一刻も早くアンを妃にする必要があるため、1533年に「上告禁止法」が制定されます。

この上告禁止法では、イングランドが独立した国家であり、結婚や離婚などの教会が関係する問題について、国王が最終的な決定権を持つことを定めていました。つまり、国王であるヘンリ8世の指示によって婚姻関係が解消されたとしても、キャサリンは教

カトリック教会とイングランド国教会の組織図

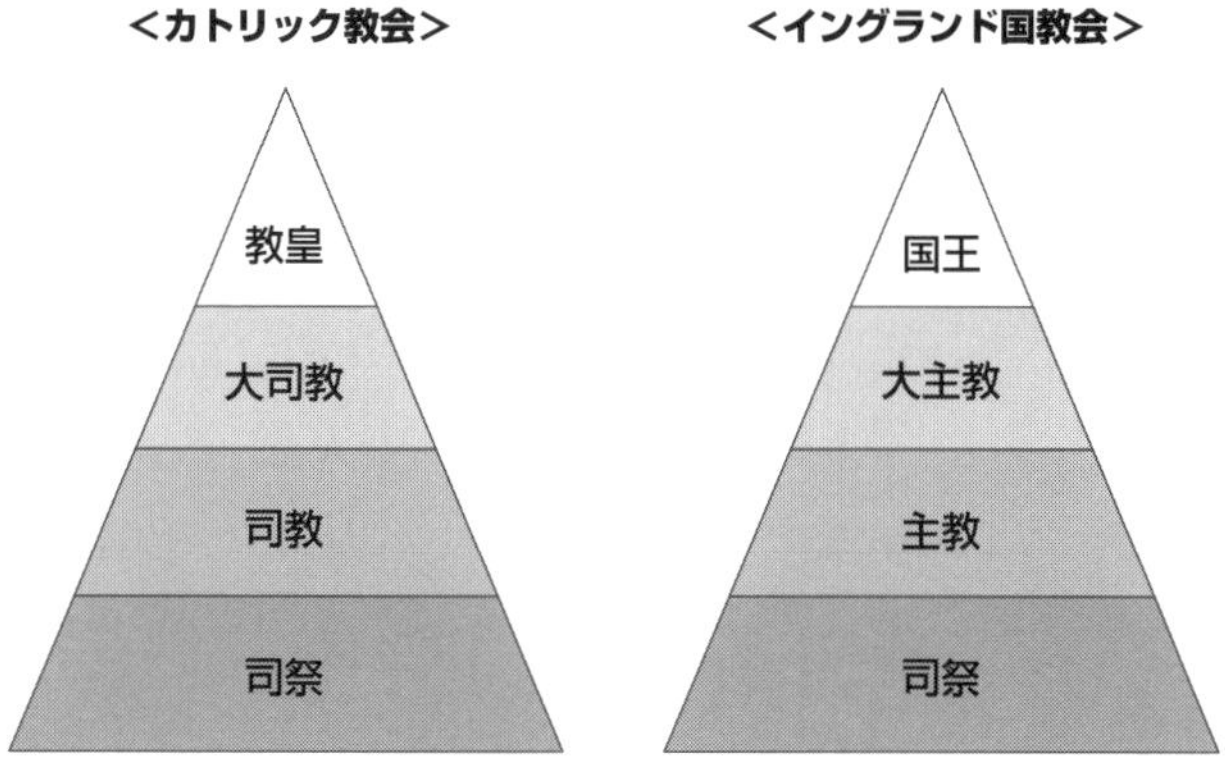

皇に訴えて裁いてもらうことができなくなったのです。

結果、イングランドの教会の最高位となっていたカンタベリー大司教（のちの大主教《だいしゅきょう》）のトマス・クランマが、キャサリンとの結婚が無効であること、そして、アンとの結婚が合法であることを認めました。それに怒った教皇はヘンリ8世を破門しますが、それでもヘンリ8世の心は変わりません。

1534年には「国王至上法」が制定され、イングランド教会は国王をトップ（首長）とすることが規定されました。ここに、現在まで続く「イングランド国教会（英国国教会）」が成立したのです。

宗教改革による変化

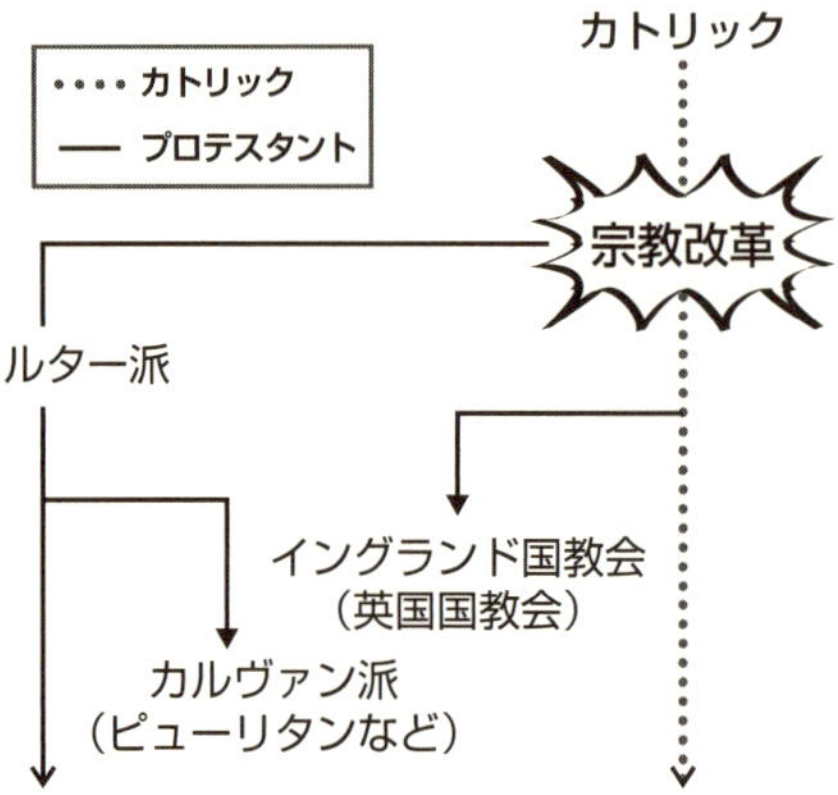

異質な宗教改革

イングランドの宗教改革は、ほかの地域で起こった宗教改革とは性質が異なります。

当時のカトリック教会は金儲《かねもう》けのために、免《めん》罪符《ざいふ》（罪が許されたとする証明書）を販売していました。

これに対してルターは、人間が神に救済されるかどうかは、免罪符の購入や教会への献金などで決まるのではなく、信仰によってのみ決まると考え、ローマ・カトリックの教義と免罪符を批判しました。

また、スイスで宗教改革を起こしたカルヴァンは、あらかじめ救済される人間は神によって決められているとする「予定説」を主張しました。予定説では、職業とは神が人間に与えたものであり、まじめに働き財産を蓄えることが救済につながるとされたことから、都市で商工業を営む市民階級に受け入れられました。カルヴァン主義は、その後の資本主義社会の精神的な基盤にもなっていきます。

そうした彼らの改革により新たな教派「プロテスタント（新教）」が生まれました。

宗教改革の中心であったルターやカルヴァンを見てみると、どちらもローマ・カトリックが示す教義に反発した思想的な改革ですが、イングランドの宗教改革は後継者問題に端を発した政治的な改革でした。そのため、ヘンリ8世がイングランド国教会を成立させた段階では、教義や儀式などはカトリックとほとんど変わらなかったのです。

ちなみに、ヘンリ8世の時代には英語訳された聖書が出版され、民衆が聖書を読めるようになります。のちの1611年にはイングランド国王公認の英語訳聖書である「欽《きん》定訳《ていやく》聖書」が、標準の聖書として出版され、19世紀末ごろまで使われました。

新たな財源と対フランス戦争

イングランド国教会を成立させたヘンリ8世は、修道院を解散させます。破綻《はたん》していた王室の財政を建て直すため、修道院が持つ莫大な財産に目を向けたのです。

1536年の「小修道院解散法」、1539年の「大修道院解散法」によって、すべての修道院が解散させられ、それらが所有していた土地や財産は、国王の所有となりました。

とはいえ、この新たな財産も獲得した直後から財政難のために売却がはじまり、ヘンリ8世の治世のうちに3分の2ほどがジェントリ（くわしくは105ページ参照）ら民間の手に渡ります。その原因は戦争です。

ヘンリ7世の婚姻を用いた外交政策によって、一時的にスコットランドとの関係は改善しました。しかし、もともとスコットランドとフランスは強固な同盟関係にあり、フランスとスコットランドが、イングランドを南北からはさみ撃ちにするという懸念《けねん》がありました。

父と同じくヘンリ8世も、婚姻政策によってスコットランドとの友好関係を築こうと画策しましたが、スコットランド側に受け入れられず、フランスと戦うことになりました。結果的にはフランスのブローニュの占領に留まり、戦果に見合わない莫大な戦費が財政を圧迫します。

ジェントリによる囲い込み

ヘンリ8世が戦費を調達するために売却した土地の多くは「ジェントリ」が購入しました。ジェントリとは、新たに力を持ちはじめた地主です。この時代、土地の所有者は貴族から新たに台頭したジェントリへと大きく替わったのです。ジェントリたちが得た土地は牧羊場となり、イングランドの毛織物のさらなる発展を促し、ジェントリの経済的な支えになっていきました。

慢性的な財政難への対応策としてヘンリ8世は、貨幣の改鋳《かいちゅう》も行いました。改鋳とは、市場に出回っている貨幣を集め、含まれる金や銀の割合を減らした新たな貨幣を市場に流通させることです。これにより貨幣の量は増えますが、貨幣の価値は下がってしまいました。すると外国からみれば、イングランドの製品を割安で買うことができるため、輸出が増えていきます。

イングランドからの輸出は原毛《げんもう》（毛織物の原料）や毛織物製品が中心で、ジェントリたちは増加したそれらの需要に応えるため、農民たちの畑や共有地を取り上げ、石や柵《さく》で囲い込んで牧羊場にしました。これを「囲い込み（第1次エンクロージャー）」と呼びます。囲い込みによって農地と働き口を奪われた農民たちは、村を離れざるをえなくなり、生活困窮者や浮浪者《ふろうしゃ》が増加しました。

この社会状況を憂《うれ》えた法律家のトマス・モアは、著書『ユートピア』の中で「羊が人間を食べている」と表現して問題化しました。トマス・モアはヘンリ8世に仕え、法律家としては最高の位である大法官だったこともありましたが、ヘンリ8世のカトリック教会からの離反に反対し、国王至上法の成立後に大法官を辞任します。この辞任が反逆罪にあたるとして、1535年7月にヘンリ8世によって処刑されました。

ウェールズとアイルランドを支配

ヘンリ8世の治世では、イングランドと周辺諸国の関係にも変化がありました。1536年に「合同法《ごうどうほう》」が成立し、ウェールズはイングランドに併合されます。これにとも

ヘンリ8世治世下での同君連合

ない、イングランドの法律がウェールズでも施行《しこう》されるなど、統治の仕組みが変更されていきました。形式的には1つの国となったものの、ウェールズ独自の文化は残り続け、イングランドから独立しようとする動きは今なお存在します。

　アイルランドは、以前よりイングランド王の支配下にありました（くわしくは65ページ参照）。

　しかし宗教改革をきっかけに、ローマ教皇とイングランド王の関係が解消すると、1541年のアイルランド議会において、アイルランドの国家としての独立と、ヘンリ8世がその王となることが決議されました。これによりイングランドとアイルランドは、一人の君主が複数の国家の王を兼ねる「同《どう》君連合《くんれんごう》」の形態をとることになります。

アイルランドにおいても、イングランドのような中央集権化を進めたいヘンリ8世でしたが、地方の有力諸侯たちの独立心が強かったことや、古くからのカトリック信仰が根強かったことから、アイルランドを完全に支配下に置くことはできませんでした。

騒動後の王位継承

新しい妻アン・ブーリンが産んだ子どもは女児で、エリザベスと名づけられました。求めていた男児ではなかったことから、ヘンリ8世は密通の罪をかぶせてアンを処刑し、新たに宮廷に仕えていたジェーン・シーモアと結婚。待望の男児（エドワード）を授かります。その後もヘンリ8世は再婚をくり返し、生涯で6人の妻をめとりますが、男児はエドワードだけでした。

そのころ、日本では？

イングランドをゆり動かした宗教改革の余波は、日本に届きます。1549年、カトリックに属するイエズス会の宣教師であるザビエルが、現在の鹿児島県に上陸します。これが、キリスト教の伝来です。プロテスタントの拡大に危機感を持ったザビエルは、布教のためアジアを訪れたのです。

ヘンリ８世のおもな妻とその子ども

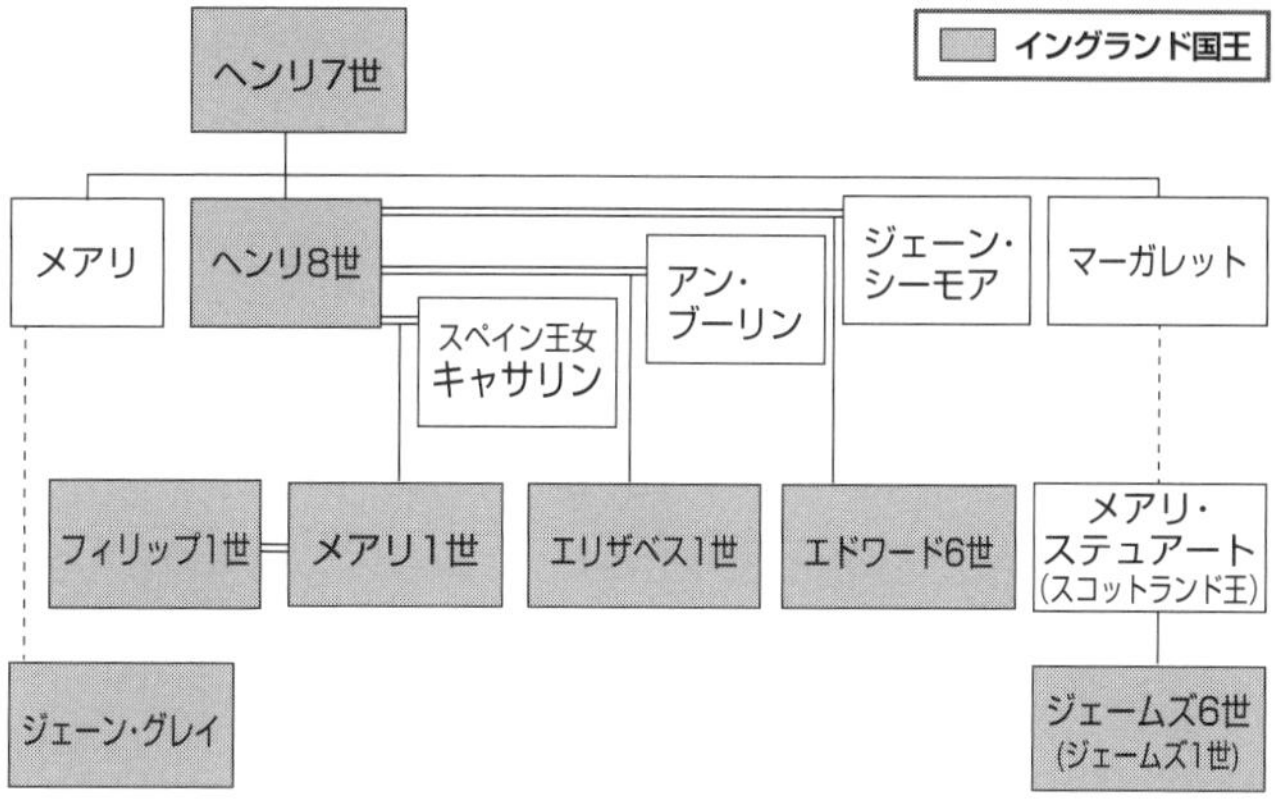

そのエドワードはヘンリ８世の死を受け、１５４７年に９歳でエドワード６世として即位しました。

宗教改革の影響は、エドワード６世の時代でも続きます。カトリック的な要素を多く残しているイングランド国教会を維持しようとする保守派と、よりプロテスタント化させようとする改革推進派の攻防がくり広げられたのです。

プロテスタント（新教徒）としての教育を受けて育ったエドワード６世の時代になると、イングランド国教会のプロテスタント化が進みます。国王が幼いため、実際に改革を推し進めたのは、摂政として実権を握った伯父《おじ》のサマセット公を中心とする勢力でした。

「礼拝統一法」と「共通祈祷書《きょうつうきとうしょ》」によってラテン語での礼拝が禁止され、英語を使用することが定められ、プロテスタントの礼拝様式に統一されていきます。しかし、民衆の信仰はさまざまであり、プロテスタント化に強く反対する人々の一部が反乱を起こすこともありました。

エドワード6世は病弱で、即位から6年後に亡くなりました。そして、ヘンリ8世と最初の妻キャサリン・オブ・アラゴンとの娘であるメアリが後継者となります。

カトリックの復権

ヘンリ8世が晩年に制定した王位継承法には、エドワード、メアリ、エリザベスの順で王位を継いでいくことが定められていましたが、ヘンリ7世の曾孫にあたるジェーン・グレイが身内にまつりあげられて即位します。しかし、わずか9日間で廃位され、その後、処刑されました。今度は王位継承法にのっとって、メアリが1553年にイングランドの女王（メアリ1世）となりました。

スペイン王女であった母のキャサリンがカトリック教徒だった影響から、メアリ1世は忠実なカトリック教徒でした。そのため、即位直後からカトリックの復権を目指し、行動を開始します。即位した年のうちに、礼拝統一法などエドワード6世の時代に制定された法の廃止が議会で決定されました。翌年には国王至上法など、ヘンリ8世の時代の法も廃止し、教皇の特使の前でひざまづき謝罪して教皇からの許しを得ます。

こうしてカトリックへの回帰を着々と進めるメアリ1世でしたが、修道院の復活や国庫に吸収された教会の財産の返却はかないませんでした。議会を構成するのは、修道院の解散で土地を獲得し、利益をあげているジェントリたちでしたので、メアリ1世の希望が受け入れられなかったのです。また、修道院だった領地を売却していかなければ、国家財政は成り立たない状態であり、カトリック教徒としての理想と、女王としての国家運営の現実という矛盾《むじゅん》をメアリ1世は抱えていました。

カトリック教徒のメアリ1世が即位するとわかった時点で、宗教改革が逆行することは民衆も予想していました。国内に残るカトリック教徒たちはメアリ1世の即位を喜び、逆に迫害をおそれて国外に亡命するプロテスタントもいました。

亡命せず、かといってカトリック信仰を受け入れるわけでもなく、プロテスタント信仰を捨てなかった人々は異端《いたん》の罪で火刑にされるなど厳しい弾圧を受け、その数は300人にものぼりました。このような厳しいカトリック政策を断行したことから、メアリ1世には「血のメアリ（ブラッディー・メアリ）」といった呼び名が残されています。

スペインとの同盟

カトリックの復活のほかに、メアリ1世は結婚し、後継者を残すことに力を入れました。子どもがいなければ、次の王位はプロテスタントの妹、エリザベスが引き継ぐことになり、せっかくはじめたカトリック政策が水の泡となってしまうからです。

メアリ1世が夫に選んだのは、母の出身国であるスペインの王太子フェリペでした。イングランド国内からは、結婚によって将来的にイングランド王位がスペインに奪われることを危ぶみ、反対する声が多く挙がりました。

その一方でスペイン側には、対立しているフランスとの開戦に備え、イングランドと手を結んでおきたい思惑があり、フェリペとの結婚が実現します。同時に、イングランド王位がスペインに奪われないよう、メアリ1世が存命中かつ夫婦である間のみ、フェリペのイングランド王位（フィリップ1世）が認められることが議会で決定されました。

この結婚はイングランドにとって利益のあるものにはなりませんでした。結婚後にフィリップ1世はスペイン国王に即位（フェリペ2世）してフランスと戦争を開始します。フェリペ2世の要請によってイングランドも戦いに加わりますが、大陸に残っていた最後の領地であるカレーを失いました。しかも、スペイン王として忙しいフィリップ1世はイングランドに滞在する期間は短く、メアリ1世はついに子どもを授かることなく、1558年に病に倒れ、5年という短い治世を終えました。

国教会の再出発

メアリ1世の死後、その異母妹であるエリザベスが、1558年にエリザベス1世として25歳で即位し、45年にわたる治世を開始します。メアリ1世と同じく、国内の混乱する宗教問題と後継者問題が大きな課題でした。エリザベス1世はプロテスタントでしたが、メアリ1世のような理想に向かって突き進む情熱家ではなく、国をまとめ豊かにしていくための方法を模索するリアリストでした。

エリザベス1世は即位の翌年に、国王至上法と礼拝統一法を復活させますが、ヘンリ8世とエドワード6世の時代のものにくらべ、カトリック教徒への配慮がみられました。たとえば、「イングランド教会の至上の首長」と規定していたヘンリ8世に対して、エリザベス1世は「至上の統治者」と改めました。国王は世俗の権力者であり、教会の権力から一歩引く形をとることで、広く民衆の賛同を得ようとしたのです。

礼拝の規定様式についてもエドワード6世にはじまる形式をとりつつも、主教制度といったカトリック色を残すなど寛容性が表れていました。主教制度とは、国王を首長とし、その下に2つの大主教区を置き、さらにその下に主教を置いて各教会を統制する制度です。

1563年には「三十九ヶ条」を定め、イングランド国教会の信仰内容をまとめました。厳格な規定を避けて、カトリック教徒でも受け入れやすい内容とします。まずは、できるだけ多くの国民を、国教会に取り込むことを目指したのです。

整備された国王至上法、礼拝統一法、三十九ヶ条が、エリザベス1世の宗教政策の柱となったと同時に、イングランド国教会を確立させることにもなりました。

反抗する2つの宗教派閥

エリザベス1世の中道的な宗教政策は、旧来のカトリック復活を望む層や、より厳格なプロテスタントの教義を求める層などからは物足りないものでした。そのため、イングランド国教会への不満から、反乱が起こるのではないかという不安がありました。体制の安定を重視したエリザベス1世は即位当初、彼らとの争いを避けていましたが、治世の後半になると弾圧に力を入れ、処刑という手段も講じるようになっていきます。

エリザベス1世に反抗する宗教派閥は大きく2つありました。1つは、イングランド国教会をさらにプロテスタント化しようとしたカルヴァン派の人々です。彼らは「ピューリタン」と呼ばれました。この呼び名は、厳格な教義を求めるカルヴァン派の人々に対し、「あなたたちは純粋（ピュア）ですね」とイングランド国教徒が馬鹿にしたことに由来します。ピューリタンは国内の不安要素の1つであり、のちに革命を起こすことになります。

もう1つがカトリック教徒です。カトリック信仰が根強いノーサンバランドなどの北部地域は王権の支配が浸透せず、古くからの大貴族が実権を握っていました。プロテスタントの女王を引きずり下ろす機会をねらっていた大貴族たちに、きっかけを与えたのが、元スコットランド女王のメアリ・ステュアートです。

ヘンリ7世の結婚政策でスコットランドに嫁いだマーガレットの孫であるメアリは、スキャンダルから王位を追われ、1568年にイングランドに亡命してきました。メアリはカトリック教徒であり、しかもイングランドの王位継承権を主張できる血筋だったので、一部の大貴族がメアリをかついで、エリザベス1世に対して1569年に反乱を起こします。ただし、加勢する者はなく反乱は失敗に終わり、逆に北部地域へ王権の支配が進む結果となりました。

その後、イングランド国内のカトリック教徒は、弾圧を受けながら細々と信仰を受け継いでいきます。

無敵艦隊を破る

国内の宗教問題を着々と片づける一方で、外交でもエリザベス1世は成功を収めました。即位後まもなくカトー・カンブレジ条約を結び、フランスとの戦争を終結させます。また、スコットランドでフランスの支配に対するプロテスタント貴族の反乱が起こったのに乗じて支援を行い、スコットランドからフランス軍を撤退させました。この後、フランスは宗教戦争（ユグノー戦争）で国内が混乱。しだいに勢力を弱めます。

フランスと同じく、スペインもネーデルラント（オランダ）の独立運動への対応などから混乱していました。ヨーロッパの二大大国は国外への侵略政策を進めることができる時期ではなく、エリザベス1世にとっては即位後の地盤固めを落ち着いて進められる幸運な情勢でした。

その後、スペインとの関係が悪化します。ネーデルラントの独立をめぐる対立や、フェリペ2世が後押ししていたメアリ・ステュアートをエリザベス1世が処刑したこと、海賊フランシス・ドレークなどの私拿捕船《しだほせん》が、スペインの貿易船をたびたび襲ったことなどが原因です。

私拿捕船とは、国王の免許状を受けて合法的に略奪行為をする海賊船のことで、その利益の一部は国王エリザベス1世に還元されていました。見方によっては、エリザベス

1世がスペイン船の略奪を命じていることにもなり、スペインにとって許せることではなく、ついにドーバー海峡で両国による海戦が起こります。

当時スペインの圧倒的な海軍力の象徴であり、「無敵艦隊《むてきかんたい》」と呼ばれていた艦隊を、海賊船の寄せ集めを多く含むイングランド艦隊（副司令官はドレーク）が打ち破り、エリザベス1世の治世に華をそえました。

スペインの再襲来に備え、防衛費を増やしたことで財政の悪化を招きますが、このアルマダの海戦の勝利は、イングランド国民を精神的に支える〝神話〟となりました。無敵艦隊に勝ったという自信が、このあとイングランドが海洋帝国へと成長していく精神的な基盤となっていったのです。

絶対王政の最盛期

スペインに対する防衛を含め、イングランドは常備軍を配備するのではなく、民兵や傭兵を必要に応じて召集していました。これは、同じく「絶対王政」だったほかのヨーロッパの国ぐにと異なる特徴です。

絶対王政とは、国家の主権が国王にある状態をいいます。中世の封建国家では、1つの政治権力が国を統治するということはありませんでした。国の領地が明確に仕切られていない場合も多く、諸侯が自分の領地を取りまとめていた封建社会では、「国家」としてのまとまりは弱いものでした。

そこから、国家として明確な領地が仕切られ、国王だけが権力を持ち、運営する主権国家へと発展していきます。その理由の1つに、戦争への対応がありました。徴税や徴兵を行い、常備軍を組織することで、大規模になりつつあった戦争に国家として対応する必要があったのです。

ところが、絶対王政で国王の手足となるはずの常備軍、そして地方行政を担う官僚が、エリザベス1世が統治するイングランドにはほとんどいませんでした。

イングランドの絶対王政

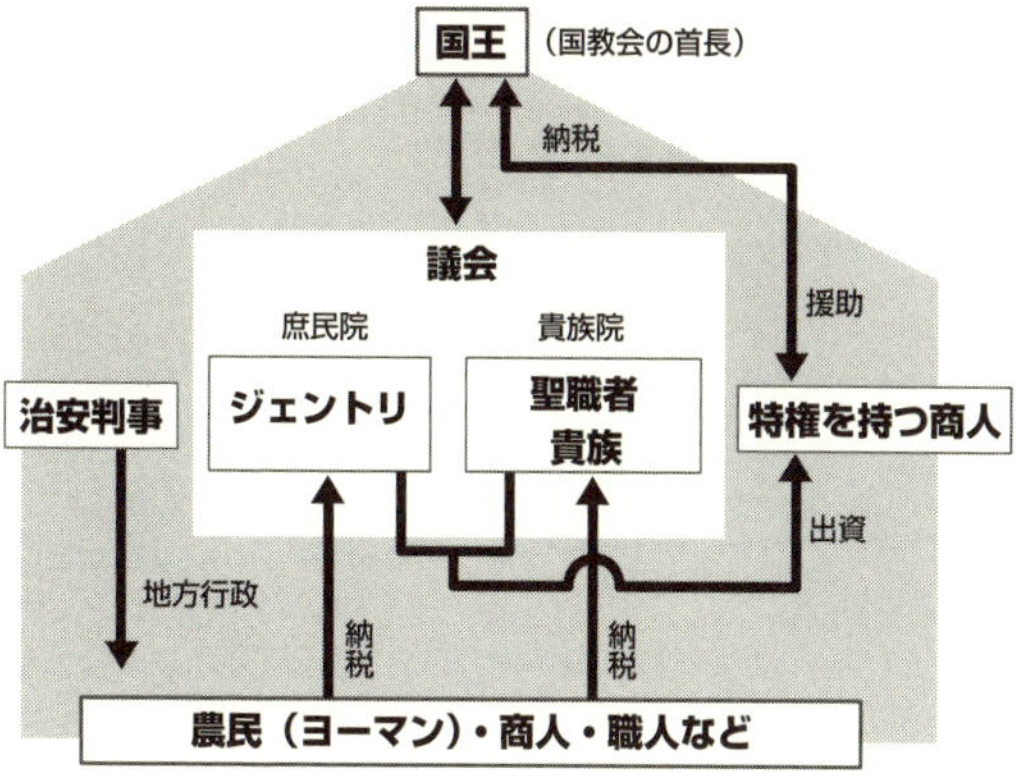

島国であるため陸軍の必要性が低いことから、常備軍ではなく雇われた農民たちが戦時に集められ、一時的な戦力となりました。海軍についても、昔からいた海賊を利用するほうが効率がよいため、常備軍と呼べるほどの規模の軍隊は不要でした。常備軍がなくても、イングランドの軍事力は十分だったのです。

地方行政については、官僚ではなく地方の実力者であるジェントリを登用しました。ジェントリの中から治安判事を任命して、各地域を統治させます。治安判事は無給でしたが、国王の権威に基づいて、行政や裁判などを行いました。

また、中央の政治はエリザベス1世を頂点とする恩顧《おんこ》関係に基づいて宮廷で行われていました。恩顧とは特定の個人や団体を、特別に後押しすることです。貴族の称号や官職、土地など、さまざまな名誉や権利を女王が与えることで、女王への求心力や忠誠心を高めさせました。そしてエリザベス1世が恩顧の配分を調節することで、宮廷内の有力者や派閥のバランスをとり、権力が集中しないよう管理したのです。

官僚の代わりにジェントリと恩顧を利用したエリザベス1世の治世は、絶対王政の最盛期であり、黄金時代とも呼ばれました。

東インド会社と重商主義

エリザベス1世が与えた恩顧の1つに、専売特許がありました。専売特許を得た団体は、国の保護のもと非常に有利な条件で貿易や商売ができました。専売ということは、ほかに競合する組織や団体がいないため、商品の価値や値段を自由に設定できたのです。ほかでは売っていないので、たとえ高くとも需要があれば取引されます。

「東インド会社」は、エリザベス1世が世界で初めてつくった専売による貿易特権を持つ株式会社で、東インドとは今のインドや東南アジア地域を指します。胡椒《こしょう》などの香辛料を中心に、ヨーロッパにはない商品を持ち込み販売することで利益をあげました。

安価にモノを仕入れて高値で売るという「貿易差額主義」は、イングランドに限らず、絶対王政でしばしばとられた「重商主義」という経済政策の1つです。重商主義とは、経済の三要素である、モノを「つくる」「運ぶ」「消費する」のうち、「運ぶ」に焦点をあて、流通過程に国家の資金や人材などを投入して儲けようとする政策のことです。

絶対王政では、国王が経済活動に介入して利益をあげ、ほかの国ぐにに対抗しました。

エリザベス治世の闇

宗教面、外交面、内政面で充実した成果をあげるエリザベス1世でしたが、国内の社会情勢は暗く落ち込んでいました。ネーデルラント（オランダ）の独立戦争により、毛織物製品の大きな市場が没落し、イングランドの経済は停滞します。国内に失業者があふれ、貧民や浮浪者を発生させる要因になりました。

その解決策として、1601年には「救貧法」が制定され、イングランド国教会の末端の組織にあたる教区ごとに、民衆から救貧税を徴収して失業者、貧民、浮浪者の取り締まりにあてました。この救貧法はイギリスの社会保障制度のはじまりであり、近代的な社会福祉の先駆《さきが》けといえます。

不況を打開するため、毛織物以外の新たな産業が起こったり、市場開拓が行われたり、前述した東インド会社のような特許を与えられた会社が成立するのも、そうした背景からです。しかし、多くの社会問題はエリザベス1世の治世の間だけでは解決せず、次の国王の課題として残ります。

テューダー朝の終わり

エリザベス1世の晩年の大きな悩みは、王位継承者を誰にするかでした。即位当初より、海外の王族を中心に結婚相手の候補が何人も現れましたが、「結婚＝同盟」であり、外交の重大な決め手にもなるため、政治的にも宗教的にも、さまざまな思惑が交錯《こうさく》しました。外国の影響を受けるはめになったメアリ1世のこともあり、結婚に慎重な姿勢をとり続けたエリザベス1世は、生涯を通じて独身を貫きました。そのため、後継者がいませんでした。

エリザベス1世の跡は誰が継ぐのか、女王自身が指名することはなく、王位継承問題について議論することも女王によって禁止されていました。とはいえ、水面下ではエリザベス1世の死後に備え、候補者を推す派閥間で争いが起こります。最有力であり、このあとイングランド王位を引き継ぐことになるのが、ヘンリ7世の玄孫《げんそん》であり、メアリ・ステュアートの息子であるスコットランド王ジェームズ6世です。

1603年、エリザベス1世が亡くなるとテューダー朝の時代は終わり、新たな王朝のもとでイングランドの新時代が幕を開けます。

ヘンリ7世からはじまったテューダー朝は、封建国家から絶対王政という主権国家が確立していく過程とともにありました。国民の支配層が貴族からジェントリに移り変わり、宗教改革で教会を中道の方向に定め、社会構造が大きく変わっていく中で、国王の絶対的な権力をつくり上げていきます。その集大成ともいえるエリザベス1世の時代は、イングランドの絶頂期でもあり、現在まで続くイギリス国教会や、以降の海洋帝国、福祉国家としてのスタート地点でもありました。

ステュアート朝のはじまり

テューダー朝の血を引いていたスコットランド王のジェームズ6世が、イングランド王ジェームズ1世として即位し、1603年、スコットランドとイングランドの「同君連合」が成立します。イングランド王は1541年からアイルランド王も兼ねていたため、ジェームズ1世は3つの国の王になりました。

ジェームズ1世が治めていたスコットランドは、13世紀ごろまでに封建制を固め、1

３２８年、正式に「スコットランド王国」が成立しました。

プランタジネット朝のエドワード1世のころは、イングランドからの侵攻によりたびたび独立をおびやかされつつも、同盟国であるフランスに助けられながら王国を維持してきました。１３７１年に国王となったロバート（ロバート2世）が、即位前に摂政として王国を取り仕切っていたときの役職「宮宰《きゅうさい》（ステュアート）」にちなみ、この王朝は「ステュアート朝」と呼ばれるようになり、１７１４年まで存続します。

ジェームズ6世（1世）の母であるメアリ・ステュアートの治世では宗教改革が起こり、国民の大多数がカルヴァン派を信仰するようになりました。スコットランドのカルヴァン派は「プレスビテリアン」、または「長老派」と呼ばれます。

ジェームズ1世治世下での同君連合

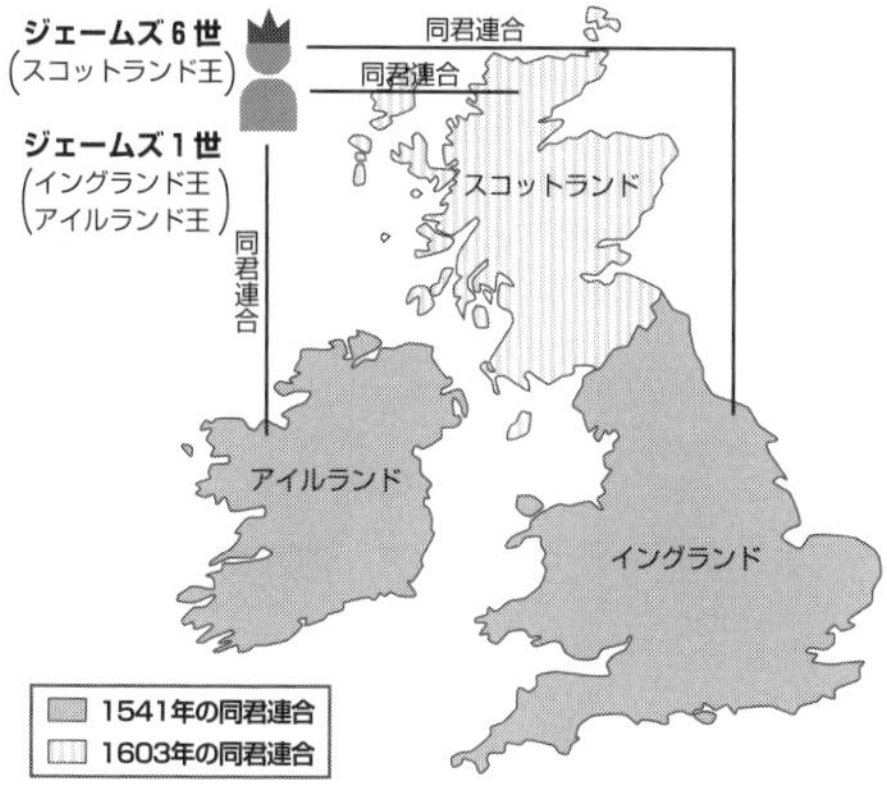

ピューリタンとの対立

ジェームズ1世が誕生したことに、イングランド国内のピューリタンたちは期待を寄せました。カルヴァン派の国王が誕生したことにより、徹底した宗教改革が行われると思ったからです。そして、即位のためにロンドンへ向かう道中のジェームズ1世に、「千人請願《せんにんせいがん》」という文書を提出して、一層の改革を要求しました。

これに対して、翌年、ジェームズ1世は協議の場を設け、イングランド国教会の聖職者たちとピューリタンの聖職者が話し合いました（ハンプトン・コート会談）。しかし、ジェームズ1世はピューリタンたちの要求を退け、「主教《しゅきょう》なくして国王なし」と宣言。イングランド国教会の維持を表明します。

ピューリタンたちの国王を歓迎するムードは立ち消えになりました。むしろ、このあとジェームズ1世から弾圧されたピューリタンたちは、迫害から逃れるために北米大陸に渡り、プリマス植民地を建設することになったのです。彼らは「ピルグリム・ファーザーズ（巡礼始祖）」と呼ばれます。

ピルグリム・ファーザーズが北米大陸を目指したのは、1607年に建設が成功したヴァージニア植民地の存在があったからでした。ヴァージニア植民地を皮切りに、その後1732年までに13の植民地が建設されます。

議会を無視する王

ジェームズ1世は議会とも対立していきます。議会で多数を占めるジェントリは、地方の実力者として力をつけており、国王の政治に欠かせない存在となっていました。ところがジェームズ1世は「王権神授説」をよりどころに、議会を無視した政策をとりがちでした。王権神授説とは、国王の権力は神から与えられた絶対的なものであり、反抗は許されないとする考え方です。イングランドやフランスなど、絶対王政を敷《し》く国家において、体制を維持するために利用されました。

ジェームズ1世は王権神授説の強い支持者で、『自由なる君主国の真の法』という本を著作するほどでした。国王であっても法の支配を受けるべきとする、イングランドの伝統的な「コモン・ロー」という考え方と合わず、議会との対立を深めていきました。

先のテューダー朝の絶対王政期でも、国王と議会の関係は決して良好とはいえませんでしたが、エリザベス1世などは議会を無視することはなく、重要な法を決議するときは議会を通していました。

エリザベス1世の時代から続く不況を解決するためとはいえ、たびたび課税を要求し、特権を濫用《らんよう》するジェームズ1世のふるまいは、議会の反発を招くばかりでした。

カトリック教徒への意識の変化

1605年、カトリック教徒が議会の地下室に爆薬を仕掛け、議員とジェームズ1世を殺害しようと計画した火薬陰謀《かやくいんぼう》事件が発覚します。首謀者の名前をとり、「ガイ・フォークス・デイ」と呼ばれ、現在のイギリスでこそお祭りとなっていますが、当時はカトリック教徒への強い反発を招くできごとでした。反発は助長され、国民はカトリック教徒を敵視するようになってきていました。

また、1618年にドイツで起こった反乱が、ヨーロッパ各国を巻き込む戦争へと発展します（三十年戦争）。カトリックとプロテスタントの最終決戦と位置づけられ、宗教戦争でもあったこの戦争に、プロテスタント側に立って国が参戦するとイングランド国民は期待しましたが、ジェームズ1世は資金援助や援軍を送るなどの消極的な支援にとどめ、財政難もあって国を挙げての参戦は避けます。

国民の中で反カトリック意識はさらに高まり、煮えきらない態度の国王に非難が集中しました。

父親以上の専制政治

1625年にジェームズ1世が死去し、息子のチャールズがチャールズ1世として即位します。チャールズ1世も父と同じく王権神授説をよりどころに、議会を無視した政治を続けたため、1628年に議会より「権利の請願《せいがん》」が提出されました。これは、国王が勝手に課税などをしないよう訴えたものです。

そのころ、日本では？

1613年、東インド会社の商船クローブ号が日本に来航します。イングランド側は国書を徳川将軍に渡したほか、毛織物や望遠鏡を献上し、甲冑《かつちゆう》などをイングランドに持ち帰ります。そして、両国間では貿易が開始されました。これを記念して、1613年は日英交流の開始年とされています。

チャールズ1世は一度は受け入れたものの、翌年には議会を解散させ、以後11年にわたって議会を開かずに専制政治を行いました。議会の承認がなくても財政難を乗り切れるように、関税や罰金の増額を行い、各方面からの反発を招きます。加えて、カトリック教徒と結婚したり、カトリック的な礼拝儀式を復活させたりと、親カトリックとしてふるまうチャールズ1世から国民の心は離れていきました。

11年に及ぶ専制政治が終わるきっかけは、スコットランドで起こった暴動でした。長老派が多数派を占めていたスコットランドに対して、チャールズ1世はイングランド国教会の儀式や祈禱書を強制しました。同君連合といっても、別々の国であるイングランドとスコットランドを、宗教的に統一しようとした行動でした。これがスコットランド国民の大きな反発を招き、1639年に第1次主教戦争が起こりました。そのための戦費を調達するために、チャールズ1世はしぶしぶ議会を召集します。

召集された議会は、チャールズ1世への批判ばかりで進行せず、わずか3週間で解散させられてしまったため「短期議会」と呼ばれます。

しかしながら、1640年にスコットランドとの間でふたたび戦争（第2次主教戦争）が起こり、イングランド軍が敗北したために賠償金《ばいしょうきん》の支払いが生じ、議会を開く必要に迫られました。このとき召集された議会は12年以上続いたことから「長期議会」と呼ばれます。この長期議会がイングランドにおける革命の中心舞台となります。

長期議会は短期議会と同じく、国王の思いどおりにはいきませんでした。チャールズ1世の失政に対し、議会の定期開催、絶対王政のツールとなっていた星室裁判所の廃止、議会の同意を得ない課税の禁止などが議会によって決定されていきました。

のちに議会はいくつかの派閥に分かれて争うことになるのですが、チャールズ1世の専制政治を終わらせ、イングランドの伝統的な政治を復活させるという目標に対しては、ほぼ満場一致で法案を通し、改革を進めていきました。ところが、イングランド国教会の体制について、どこが主導権を持つのかで意見が分かれるようになり、議会に不穏なムードが漂いはじめます。

そんなころに、アイルランドでカトリック教徒たちが反乱を起こし、数千人のイングランド人が殺害されました。被害者数を誇張したデマが拡散され、アイルランドとチャールズ1世が手を組むのではという憶測《おくそく》も飛び交いました。アイルランドの反乱を鎮圧する軍を統率するのは国王なのか、議会なのかをめぐって議会内で意見は割れ、国王と議会の関係も修復不可能な状態まで悪化します。

混乱の中、チャールズ1世の失政に対し、大諫奏《だいかんそう》という抗議文が一定数の議員により作成されて議会を通過しますが、わずか11票差での可決であり、議会の分裂は避けられませんでした。

ピューリタン革命

大諫奏に対して国王は対立する議員の逮捕に乗り出します。そして、ついに内戦に発展します。チャールズ1世側についたのは、特権を持つ一部のジェントリや貴族が中心で、イングランド国教会を信仰していました。

逆に議会側についたのは特権を持たない大部分のジェントリや商工業者、ヨーマンなどが中心でした。その多くはピューリタンで、彼らが革命の中核となったことから「ピューリタン（清教徒《せいきょうと》）革命」と呼ばれます。前者は王党派や騎士党（キャバリア）、後者は議会派や円頂党《えんちょうとう》（ラウンドヘッド）などと呼ばれました。

王党派は軟派《なんぱ》で髪を伸ばしたプレイボーイといった意味合いで騎士と、対して硬派《こうは》で禁欲的なピューリタンが多い議会派はその髪型がおかっぱ頭（ラウンドヘッド）であったことから、お互いに相手をさげすんでいました。

さて、戦いは序盤、王党派の有利に展開しましたが、議会派とスコットランドが手を組んだことや、議会派軍を指揮するジェントリで庶民院議員のオリバー・クロムウェルの登場により、議会派が巻き返します。身分制度と地縁に縛られていた従来の編成を改めた鉄騎隊ニュー・モデル軍がクロムウェルのもと活躍し、1645年のネーズビーの戦いで王党派が降伏し、内戦はいったん終結しました。

ところが、共通の敵であるチャールズ1世を倒すと、戦後の政治体制や国王のあつかいについて、議会派の中で意見が割れ、3つの派閥に分かれました。

ピューリタン革命の構図

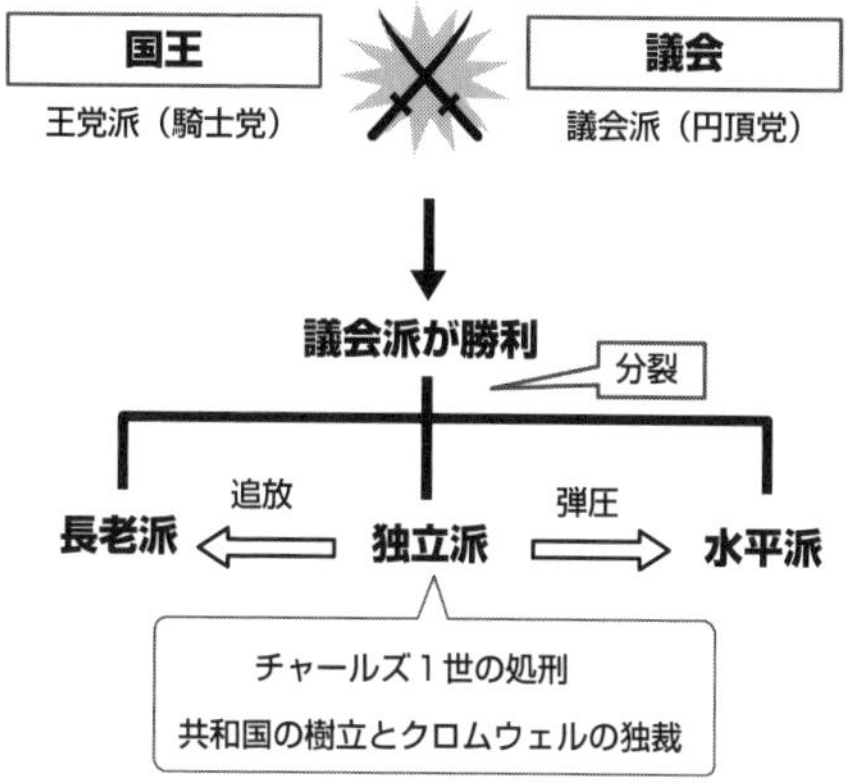

1つめの「長老派」は、国王の存在を認める立憲君主制を軸とした速やかな秩序の回復を望み、カルヴァン主義に基づく長老制の国教会をつくろうとしました。

2つめはクロムウェルが属する「独立派」で、イングランド国教会や長老派のような全国的な組織をつくらず、地域ごとに自立性や独立性を持たせ、信仰の自由を保障しようとしました。また、独立派は国王の存在に否定的で、共和制を望んでいました。

議会はこの2派閥に分かれ、3つ目の派閥として、議員ではありませんが、議会軍の下級兵士の中から、男子普通選挙による庶民の政治参加を求める「水平派」も現れました。水平派も共和制に賛成でした。

こうした派閥争いの混乱を察知したチャールズ1世はふたたび戦争を起こしますが、まもなく敗れ、完全に力を失います。一方、議会派では軍部の介入もあり、長老派の議員たちが議会から追放され、独立派が中心勢力となります。そして、国王を裁くための特別な高等裁判所が設置され、反逆者、殺人者、国家に対する公敵などの罪に問われたチャールズ1世は、1649年1月、ホワイトホール宮殿の前で公開処刑されました。

これ以降、現在にいたるまで、イギリス国王がウェストミンスター宮殿内の庶民院の議場に立ち入ることは許されていません。

国王なき時代

クロムウェル率いる独立派は革命で勝利したのち、独裁的な体制をつくりあげていきます。1649年3月には水平派の指導者を逮捕し、議会や一部階級に限られている権利を庶民に渡そうとはしませんでした。そして王政と貴族院を廃止して、5月には正式に議会から共和制の宣言が出され、イギリス史上初の「共和国（コモン・ウェルス）」が樹立しました。

ただし、コモン・ウェルスは共和制とうたったものの、実態はクロムウェルによる独裁政治でした。独立派以外の敵となる派閥は弾圧され、時には武力をもって倒されます。

王党派が力を持っていたアイルランドには、共和制の成立後すぐに軍隊が派遣されると、アイルランドの土地を没収し、戦費の不足分にあてられました。

進軍の名目は、ピューリタン革命を加速させた要因の1つであった、アイルランドで起こったカトリック教徒によるイングランド人虐殺への報復でした。このとき、アイルランド市民を含め、多くの人々がイングランド軍に虐殺されます。クロムウェルはカトリック教徒をとりわけ厳しく取り締まりました。このカトリック教徒の虐殺を「正統なる神の裁き」と考えていたともいわれています。

この征服戦争によって、アイルランドの土地のほとんどがイングランドの所有となり、植民地化されたことは、アイルランド人の中に強いうらみを残しました。

スコットランドでは、チャールズ1世の息子のチャールズを旗印《はたじるし》にその支持者が集まり、イングランドとの対決に乗り出します。しかし、クロムウェル率いる軍に敗れ、チャールズは母の母国であるフランスへ亡命。その後、1654年にイングランドとスコットランドの合併が宣言され、スコットランドはイングランドに組み入れられました。

護国卿による独裁

クロムウェルと軍隊によって、1653年ついに長期議会は解散させられます。同じ年には「指名議会」が開かれました。この議会は選挙によって議員を選出するのではなく、軍隊や教会の推薦によって議員が選出されました。指名議会は、イギリス史上初めてとなる文章形式で表現された憲法「統治章典」を発布するなど、急進的な改革を行ったため穏健派と対立してしまい、その年のうちに解散させられます。

指名議会に代わり、軍部に推されたクロムウェルが「護国卿《ごこくきょう》」として政権を握ります。イングランド、スコットランド、アイルランド及び植民地からなる共和国の最高の立法権を持つと定められた地位ですが、元指名議会の急進派や長老派の残党、王党派の残党などの反対勢力に囲まれた、非常に厳しいものでした。そのため、クロムウェルの政府は軍事力を背景として独裁色を強めていきます。

全国を軍区に分割して、それぞれに軍政長官を配置し、軍事と行政両方の権限を与えました。軍政長官のもと、ピューリタンのような道徳が強制されて、娯楽や飲酒などが禁止されるなど、厳格な取り締まりも行われます。

1658年にクロムウェルが病気により急死すると、息子のリチャード・クロムウェルが跡を継いで護国卿に就任します。しかし、混乱を収める能力はなく、政権は崩壊しました。その後は議会が再召集され、亡命していたチャールズを呼びもどしたことで、この20年の間に起こった内戦と革命の流れは、一気にもどされていくのです。

ひみつコラム

エリザベス朝の文化

常設の劇場で多彩な劇が演じられる

テューダー朝の歴代の国王は芸術を好みました。とくにエリザベス1世の治世ではイギリス・ルネサンス（文芸復興）が最盛期を迎えました。文学や音楽、建築などが発展し、その中でも演劇の発展は目覚ましいものでした。

ルネサンス期以前の演劇は、聖書をもとにした聖史劇や、そこから派生した道徳劇を演じる伝統的な演劇団が、季節ごとに地方をまわる〝巡業〟の形式で存在していました。1570年代以降になると、ロンドンにグローブ座のような〝常設〟の劇場がいくつも建設されます。

こうした状況で登場したのが、イギリス史上屈指の劇作家であるウィリアム・シェイクスピアです。イングランドの国王名を作品名に冠した歴史劇をはじめ、『じゃじゃ馬《うま》馴《な》らし』や『ヴェニスの商人』などの喜劇、『ロミオとジュリエット』や『ハムレッ

シェイクスピアのおもな作品

＜歴史劇＞
『ヘンリ６世』（３部構成）『リチャード３世』『リチャード２世』『ジョン王』『ヘンリ４世』（２部構成）『ヘンリ５世』『ヘンリ８世』
＜四大喜劇＞
『じゃじゃ馬馴らし』『真夏の夜の夢』『ヴェニスの商人』『お気に召すまま』
＜四大悲劇＞
『ハムレット』『オセロ』『リア王』『マクベス』

ウィリアム・
シェイクスピア
（1564～1616）

※ジャンルごとに作品が成立した順

ト』などの悲劇、さらにはロマンス劇と、37の作品（戯曲《ぎきょく》）を世に残したといわれています。作品は現代でも世界各地の劇場で舞台公演され、映画として映像化されています。

シェイクスピアの作品は、現代英語にも影響を与えたといわれ、それまでになかった英語の言い回しや、教養あふれるセリフまわし、そして、庶民の関心が高かった王位継承を題材に盛り込んだことが人気を博した理由でもあります。

グローブ座はピューリタン革命の混乱に巻き込まれて閉鎖されましたが、１９９７年に「シェイクスピアズ・グローブ」という名称の複合施設がロンドンに復元され、多くの観光客でにぎわっています。

知れば知るほどおもしろいイギリスの偉人④

絶対王政の絶頂期に君臨した女王

エリザベス1世

Elizabeth I

（1533～1603）

結婚せず国家のために尽くす

国王ヘンリ８世の次女として生まれながらも、幼くして母は父に処刑され、庶子《しょし》（地位を相続しない子）としてあつかわれるという苦難に見舞われました。

それでも父の最後の妻によって、家庭教師をつけてもらって養育された結果、当時の女性としてはめずらしく、英語のほかにラテン語、ギリシャ語、イタリア語、フランス語が話せるなど、高い教養を身につけました。

「私は国家と結婚した」という発言からわかるように、その身を国にささげ、一時代を築いたことから、現在のイギリスでも非常に高い人気を誇ります。

生涯を独身で通しましたが、恋愛にまつわる噂はいくつもあり、なかでも貴族で愛人とされたロバート・ダドリーの存在は女王という重責ある立場にあって大きかったといわれています。最期のときまで、ダドリーからの手紙を大切にしていたという逸話が残っています。

chapter 5

議会政治の確立

ピューリタンを弾圧

亡命していたチャールズがロンドンにもどり、1660年にチャールズ2世として即位し、王政を開始します。いわゆる王政復古です。内戦中から共和制の時代に制定された法は、すべて無効とされました。しかし、完全にもと通りとはいかないこともありました。革命中に併合されたスコットランドとアイルランドは独立国にもどったものの、イングランドに従属する関係に変化はありませんでした。

また、チャールズ2世は帰国前に、革命にかかわった者の責任を問わないこと、信仰の自由、革命中に没収された王党派の土地のあつかいを議会に委《ゆだ》ねること、軍隊への未払い給与の支払いを保証するなどの公約からなる「ブレダ宣言」を発表していました。これは、議会を無視した強権的な政治を行わないという姿勢の表れでした。ところが、即位すると宣言を破って、チャールズ1世の死刑判決にかかわった裁判官の処刑を支持するなど、議会をないがしろにするふるまいを見せました。

一方で議会は、宗教を超えた国民の協調を求めたチャールズ2世の意思とは逆に、国民の信仰をイングランド国教会に統一することに執着しました。革命を主導したピューリタンたちを悪役にして、革命の責任を負わせようとしたのです。

そしてピューリタンを取り締まる法が、議会で次々と可決されていきます。具体的には、イングランド国教徒以外が都市の役職に就くことを禁じた「自治体法」、すべての聖職者に国教会の統一祈禱書の使用を強制した「礼拝統一法」、国教会以外の宗教的集会を禁止した「秘密礼拝禁止法」、国教徒以外の聖職者を都市から5マイル（約8キロメートル）以上離れた場所に追放する「5マイル法」などがありました。

議会と国王とが宗教対立

王政復古後の議会によってつくられた、イングランド国教会を尊重する体制は、チャールズ2世の動きによって徐々に変化していきます。

即位して間もない1662年に、チャールズ2世は「信仰自由宣言」を発して、カトリック教徒に対する不当な差別をなくし、信仰を認めようとしました。その際、国王自身がカトリック教徒であることは否定しましたが、亡命中はカトリック教国であるフランスで、国王ルイ14世の保護されていたこともあり、国民や議会は国王への不信感を募《つの》らせました。

ルイ14世が対外侵略をくり返していたことから、ジェームズ2世との関係を足がかりにイングランドもフランスの支配を受けるようになるのではないかという不安も、民衆の危機感をあおりました。

1665年には史上最大規模のペストの流行があり、約3カ月の間にロンドンの人口の6分の1に近い、7万人以上が死亡しました。翌年には「ロンドン大火」と呼ばれる大火事が発生して、建物のほとんどが焼け落ちました。このとき、カトリック教徒による放火の噂が流れたことは、強い反カトリック感情の表れといえます。

社会が動揺する中、1670年にチャールズ2世はフランスのルイ14世と「ドーヴァの密約」を結びます。チャー

そのころ、日本では？

イングランドの首都ロンドンを襲った大火の約10年前、1657年には、当時の日本の中心地であった江戸で「明暦《めいれき》の大火」が起こりました。死者は10万人にも及んだといわれ、江戸城の天守も焼失するほどの大火災でした。ロンドンと同じく、密集した町並みが失われたのです。

ルズ2世がカトリックに改宗すること、そしてネーデルラント（オランダ）との戦争でフランスに味方することを条件に、財政支援を受けるという内容でした。

1672年には、二度目の「信仰自由宣言」を発し、カトリック擁護《ようご》の姿勢を示します。こうしたチャールズ2世の動きに対して、議会は翌年、「審査法」を成立させました。公職に就く者をイングランド国教徒に限定して、カトリック教徒を国家運営から排除することがねらいでした。

この審査法によって、チャールズ2世の弟であり、次の王位継承者であるジェームズがカトリック教徒であることが公《おおやけ》になり、国民に動揺が広がります。さらに1678年には、カトリック教徒たちがジェームズを王位に就けるため、チャールズ2世を暗殺しようと陰謀をめぐらせていると吹聴《ふいちょう》され（のちに捏造《ねつぞう》だったと判明）、議会の敵はピューリタンからカトリック教徒へと移っていきました。

トーリとホイッグが登場

カトリック教徒であるジェームズの王位継承をめぐって、議会は2つに割れました。

ジェームズを王位継承者から除外しようとする人々は「ホイッグ」と呼ばれ、議会が王位継承に干渉《かんしょう》することを望み、王権を監視したり抑制したりする立場にいました。それに反して、ジェームズの王位継承を認める人々は「トーリ」と呼ばれ、国王の権限を守ろうとし、議会は王位継承に関与できないと主張します。

この呼称は、トーリが「アイルランドの無法者」「アイルランドの盗賊《とうぞく》」という意味でホイッグから呼ばれたこと、逆にホイッグはトーリから「スコットランドの謀反人《むほんにん》」「スコットランドの馬泥棒」と呼ばれたことに由来するといわれています。

ホイッグはのちの「自由党」、トーリはのちの「保守党」の前身であり、20世紀前半までこの2党が、二大政党として議会政治の中心を担います。

国王との協力関係を重視しようとするトーリ党は、イングランド国教徒が多数を占めていました。ジェームズの跡を継ぐであろう、長女のメアリや次女のアンはイングランド国教徒だったので、ジェームズが国王になりカトリック教徒を優遇する政策を推進したとしても、メアリやアンに王位が引き継がれれば、心配などは解消してしまうとたかをくくっていました。

トーリ党とホイッグ党の抗争は、議会の内外を問わずくり返されましたが、結局、王位継承者についての法案が新たに成立することはなく、1685年チャールズ2世が死去して、カトリック教徒の国王が即位します。

カトリックを保護せよ

国民の多くが懸念《けねん》する中で1685年に即位したジェームズ2世は案にたがわず、カトリック教徒を保護する政策などを打ち出しました。そのため、国王に忠実なトーリとの関係も悪化しはじめます。

ジェームズ2世は、審査法をはじめとするカトリック教徒への差別に関する法の撤廃を議会に求めました。議会がこれを拒否すると、議会を解散して国王大権を利用した政策を進めます。

たとえば、審査法を無視して国王が公職にカトリック教徒を登用した際、「適用免除権」という国王大権を使って、登用されたカトリック教徒が罪に問われないようにしました。また、同じく国王大権の1つである「執行停止権《しっこう》」によって、カトリック教徒を差別する刑罰法の執行を停止させました。これらの国王大権の濫用《らんよう》によって、議会が制定してきた法が意味をなさなくなったのです。

さらにジェームズ2世は、すべての公職者に対して国王の政策への支持を問う質問状を送りつけ、その回答いかんで更迭《こうてつ》しました。イングランド国教会への信仰心ゆえに、国王の親カトリック政策を支持しないトーリ党議員の多くが、こうして議会から追放されます。

忠実だったトーリ党の支持を失い、代わりに信仰に寛容なホイッグ党を中心とした新しい支持勢力を求めたジェームズ2世でしたが、政党や宗教にかかわらず国民全体から批判され、支持基盤は失われました。

血が流れなかった革命

1688年6月、2番目の妃のメアリ・オブ・モデナとの間に男児が誕生したことによって、ジェームズ2世限りと思われていたカトリック教徒を擁護する政策が、次の王の治世、またその後の治世においても実施される可能性が高まります。

この事態に際して、対立を続けてきたトーリ党とホイッグ党は、互いに譲歩して手を結び、早急な対応を取りはじめました。議会は、オランダ総督（事実上のオランダ王）のウィレム3世に向けて、国王支配からの武力による解放の招請状《しょうせいじょう》（イングランドに来てもらうための依頼書のようなもの）を送り、協力を求めます。

このウィレム3世の母はチャールズ1世の娘で、兄がチャールズ2世、弟がジェームズ2世です。さらに妻はジェームズ2世の長女のメアリです。つまり、夫婦どちらもがイングランド王家に連なる血筋でした。

加えて、オランダは以前、カトリック教国であるスペインに支配されていましたが、1568年からの八十年戦争の末、1648年に独立を果たしたという歴史がありました。オランダはカルヴァン派が多数を占めるプロテスタント教国であり、フランスの侵略に対して果敢に抵抗するウィレム3世の姿勢が、イングランド議会が求める理想の国王像と合致していたからです。

ウィレム3世にとっては親戚、その妻のメアリにとっては実父と争うことにはなりますが、ウィレム3世たちは招請状を受け入れました。そして1688年11月、プロテスタントの保護を理由にイングランドの南西部に上陸します。イングランドの法や自由権利の維持については議会に委ねるとしたことで、ウィレム3世はイングランド国民の圧倒的な支持を集めました。迎え討つはずのイングランドの国王軍も、ほとんどがウィレム3世を支持したのです。

形勢があまりに不利と悟ったジェームズ2世は、戦うことなく12月にフランスへ亡命しました。

このように、イングランドでは大きな流血がなく勝利を勝ち取ったことから、この革命は「名誉《めいよ》革命」と呼ばれるようになりました。

議会政治の幕開け

ジェームズ2世と入れ替わりに、ウィレム3世はロンドンに入ります。ジェームズ2世が逃亡したことにより王位は空白になっているとされ、1689年にウィレム3世と妻メアリが共同で王位に就き、ウィリアム3世とメアリ2世となりました。

ウィリアム3世の希望で、国王の住まいはホワイトホール宮殿から、ロンドン郊外の「ケンジントン宮殿」に移ります。

なお、正式な国王の住まいであったホワイトホール宮殿は1698年の火災で使用できなくなり、同じくヘンリ8世がつくりあげたロンドンの「セント・ジェームズ宮殿」が、1837年まで

イングランド王家の住まいになりました。

両国王は即位の際、イングランドの法と自由を守ることが明記された「権利宣言」に署名し、この権利宣言をもとに「権利章典」が作成されます。正式名称は「臣民の権利及び自由を宣言し、王位継承を定める法律」であり、国王の専制政治や議会の同意のない課税などが禁止されました。

権利章典により、国王の地位は「議会の中の国王」に限定され、今日《こんにち》まで続くイギリスの「立憲君主制」と「議会政治」の原則が確立します。そして国王、もしくは配偶者がカトリック教徒である者は王位継承者から除外されることが規定されたことで、王位継承者からカトリック教徒が排除されました。

また、国王に忠誠を誓いさえすれば、ピューリタンなどの非国教徒は宗教的罰則の対象外とする「寛容法」も制定

そのころ、日本では？

1680年、徳川綱吉が5代将軍となりました。綱吉といえば、「生類憐《しょうるいあわ》れみの令」でその名がよく知られていますが、それまでの武力で国を治める「武断政治」から、法のもとに国を治める「文治政治」へ転換した人物でもあります。日本の政治における一種の革命が行われていたのです。

されました。とはいえ、カトリック教徒や無神論者はその適用外で、ピューリタンであっても「自治体法」「審査法」は残っていたため、公職に就くことはできず、イングランド国教会の優位な体制は続きました。

市民革命？ 内乱？

ピューリタン革命と名誉革命とを合わせて「イギリス革命」といい、イギリスの「市民革命」と位置づけることもできます。市民革命とは何かというと、国王や貴族、聖職者などの特権階級が独占している権利を、都市で働く商工業者（都市民、ブルジョワジー）が中心となって勝ち取る革命でした。絶対王政という体制をくずし、近代国家へと移行していく過程に市民革命があったのです。

しかし近年では、イギリス革命は市民革命とは呼べないとする見方もあります。東インド会社といった特権を持つ団体が相変わらず存続し続け、商工業者たちの権利を侵《おか》していています。さらにいえば、革命の主体はジェントリやヨーマンで、商工業者は一部が参加したという程度に留まり、市民が起こした革命ではなく内乱ともいえます。

実際、イギリスの歴史の授業では内乱と教えていることもあり、18世紀後半に起こるアメリカ独立戦争やフランス革命といった市民革命と比較すると、内乱として認識されるのもうなずけます。

イングランド以外にも波及

名誉革命によって国王が代わると、同君連合であるスコットランドやアイルランドも影響を受け、イングランド以上に激しい混乱が起こりました。

スコットランドでは「長老派（プレスビテリアン）」が議会の主導権を握るようになります。1689年、スコットランド議会は「権利の要求」を成立させ、長老派を国教化することを要求しました。時の国王から、たびたび宗教の弾圧や強制を受けてきたスコットランドは、この文書がイングランドに承認されることがウィレム3世とメアリの即位を認める条件とし、イングランドもこれを認めます。スコットランドは交換条件を提示することで、信仰の自由を勝ち得たのです。

この長老派の議会が主体となった変革への抵抗として、ジェームズ2世を支持する勢力が武装蜂起《ほうき》します。鎮圧《ちんあつ》されたものの、彼らはその後も、ジェームズ2世の子孫が王位を継承すべきと主張し、ジェームズのラテン語読みにちなんで「ジャコバイト」と呼ばれました。ジャコバイトは不満を抱え続け、18世紀に入っても反乱を起こします。

アイルランドにおいても、ジャコバイトたちがフランス軍の支援を受けたジェームズ2世と手を結び、イングランドと争いました。しかし、イングランド軍の勝利に終わります。

以後、アイルランドのカトリック教徒は、以前にも増して厳しい制限のもとでイングランドの支配を受けることとなり、同君連合とはいっても、実質的にはイングランドの植民地でした。アイルランド議会はイングランド国教徒の議員で構成され、ほとんどがカトリック教徒であるアイルランド国民を、少数のイングランド国教徒が統治していくこととなりました。

広がっていく植民地

イングランドが支配した地域は、近隣のアイルランドに留まらず、インドや北米大陸など世界に広がっていました。

エリザベス1世の治世に設立された東インド会社は、当初、現在のインドネシアにあるモルッカ諸島において香辛料を取りあつかう貿易で利益を上げます。しかし、1623年のアンボイナ事件でオランダとの勢力争いに敗れると、モルッカ諸島からは撤退し、代わりにムガル帝国（インド）に進出しました。17世紀中にマドラス、ボンベイ（現在のムンバイ）、カルカッタ（現在のコルカタ）などの拠点を設け、インドを支配していくようになります。

北米大陸においても、13の植民地の多くが17世紀中に建設されました。そして、北米大陸の植民地をめぐる勢力争いは、名誉革命後に激しさを増していきます。

ウィリアム3世の対外戦争

ウィリアム3世は、フランスの勢力を抑える外交を基本方針としました。

名誉革命の少し前、神聖ローマ帝国の有力な選帝侯《せんていこう》（神聖ローマ皇帝の選挙権を持つ）の1人である、プファルツ選帝侯が1685年に没した際、フランスがその領土の継承権を主張し、1688年に侵攻をはじめました。これに対抗したのが、「アウクスブルク同盟」でした。当時まだイングランド王ではなかったウィレム3世が提唱し、オランダやスウェーデンなどのプロテスタント教国と、スペインや神聖ローマ帝国などカトリック教国で結成された同盟軍です。

この戦いをアウクスブルク同盟戦争（ファルツ継承戦争）と呼び、名誉革命後にウィリアム3世としてイングランド王にウィレム3世が即位すると、同盟側として参戦することになります。

アウクスブルク同盟戦争でのイングランドとフランスの対立は、植民地に飛び火し、北米植民地を舞台に英仏が争うウィリアム王戦争が同時期に起こりました。

アウクスブルク同盟戦争とウィリアム王戦争にはじまる、イングランドとフランスの植民地をめぐる勢力争いは19世紀はじめまで続き、第2次百年戦争と呼ばれます。

17世紀後半～18世紀前半の英仏戦争

戦争	年	舞台
アウクスブルク同盟戦争（ファルツ継承戦争）	1688～1697	西ヨーロッパ
ウィリアム王戦争	1689～1697	北米大陸
スペイン継承戦争	1701～1714	西ヨーロッパ
アン女王戦争	1702～1713	北米大陸と西インド諸島

第2次百年戦争は、ヨーロッパの国同士の利害関係なども関係する複雑な戦いとなっていきました。

アウクスブルク同盟戦争とウィリアム王戦争は、1697年にライスワイク条約をもって終結しました。この条約で、フランスはウィリアム3世のイングランド王位継承を承認し、さらに金と引き換えにプファルツ選帝侯の相続をあきらめました。8年間戦った割には得るものが少なく、ルイ14世の強大な権力がゆらぎはじめました。

イングランドでは長期にわたる戦争の費用を調達するため、1693年に国債《こくさい》制度が導入されます。翌年には現在のイギリス中央銀行の前身にあたるイングランド銀行が設立され、国債の引き受けを行いました。これにより、長期の戦費の借り入れが可能となったことから、国家財政が安定するようになります。

ヨーロッパ屈指の強国へ

アウクスブルク同盟戦争の終結からまもなく、1701年からはじまるスペイン継承戦争にもウィリアム3世は参戦します。スペイン継承戦争は、スペインの王位がフランス王ルイ14世の孫に引き継がれることをイギリス、オランダ、オーストリアが反対したことに端を発した争いでした。開戦後まもなく、ウィリアム3世は落馬事故でのケガが原因で亡くなってしまい、フランスの勢力を抑える課題は次の王に託されることになりました。

ウィリアム3世が死去する前にメアリ2世は亡くなっていたことから、権利章典に基づいて、メアリ2世の妹のアンが、1702年に王位に就きます。アン女王の治世でも継続するスペイン継承戦争は、今回も英仏の植民地争いが同時進行しました。北米と西インド諸島を中心に衝突したこちらの戦いは、アン女王戦争と呼ばれます。イングランドは終始戦いを優位に進め、1713年にフランスなどとユトレヒト講和条約を結び、戦いは終結しました。

この講和条約でイギリスは、ルイ14世の孫をスペイン王に認める代わりに、地中海から大西洋にぬける拠点であるジブラルタルや北米大陸の植民地を、フランスやスペインから獲得しました。また、スペインが握っていたアメリカ植民地への「黒人奴隷《どれい》供給権」もイングランドのものになりました。これはアフリカの黒人たちを奴隷として植民地に供給する権利で、イングランドの植民地貿易は拡大していきます。スペイン継承戦争を経て、イギリスはヨーロッパの列強の1つに成長したのです。

対仏戦争の影響

フランスに対抗して行われた各戦争の遂行のため、必要な軍事力や財政の整備が進みました。

常備軍の拡大が議会で可決され、豊富な軍事力を行使することが可能となりました。もはや対外戦争はヨーロッパのみならず、遠く植民地でも展開されるようになったことはすでに述べたとおりです。戦地は世界規模に広がり、十分な軍事力を保持することは以前にも増して重要でした。

財政面では、土地税、関税、消費税を中心に据えて、国債などと合わせて戦時の財政を支えるシステムができあがりました。こうした変革が、イングランドを戦争遂行に向けての国家体制ともいえる「財政軍事国家」へと変容させていったのです。

長期にわたる戦争は、議会にも影響を与えました。国家予算の決定権を持つ議会の重要性が高まり、トーリ党とホイッグ党を中心とした議会政治が活発になりました。2党は、あらゆる議題で激しい論戦を展開していきます。

戦争について、ホイッグ党は積極的にかかわっていくことを主張しました。一方のトーリ党は戦費の負担を理由に反対しました。そうして、対仏戦争についてのさまざまな実務をホイッグ党員が行ったため、野党であったホイッグ党の立場は徐々に強まっていきました。

連合王国の誕生

名誉革命以降、スコットランドではイングランドとの同君連合を解消しようかというほど、反イングランド意識が形成されていました。外国生まれのウィリアム3世の即位への不満は残っていましたし、アン女王以降の王位継承について定めた「王位継承法」が1701年にイングランド議会で成立した際、事前に相談がなかったことも、スコットランドが反発する原因でした。

イングランドでは、フランスとの戦争が続いていたことから、スコットランドがフランスと手を組むことを心配する声もありました。安全保障のため、イングランドはスコットランドと議会を統合して、同じ法制度のもとで統治される「合邦《がっぽう》」を目指しはじめます。

もちろんスコットランド側は反対でしたが、イングランドから離反することによる経済的な損失や軍事衝突の可能性、何より合邦によってもたらされる貿易の自由化の利益は、スコットランドにとって非常に魅力的な取引材料ともいえました。1690年代にスコットランドが深刻な飢饉《ききん》にみまわれ、多くの餓死者を出したことも、合邦への同意を後押ししました。

数カ月にわたる交渉の末、1707年に「合邦法（アクト・オブ・ユニオン）」が成立し、「グレートブリテン王国（以降、イギリス）」という連合王国が誕生します。イングランド、スコットランド、そしてウェールズからなるブリテン島（グレートブリテン島）が、イギリス史上初めて単一の国家によって統治されることになったのです。

合邦によって、イングランドとスコットランドには変化が生まれました。

まず、アン女王の死後は王位継承法に基づいて、神聖ローマ帝国のハノーヴァー選帝侯家へ引き継がれることが両国の間で確認されました。アンの跡を継ぐ子どもいないことから、ステュアート家の直系の血筋が絶えてしまうことへの対応策でした。

次に、スコットランド議会はなくなり、イングランド議会でスコットランド議員の議席が認められるようになりました。とはいえ、議席の配分は不平等でした。庶民院においては、イングランド及びウェールズが513に対してスコットランドは45、貴族院においてはイングランド及びウェールズが110に対してスコットランドは16と、スコットランドに認められた議席数は非常に少ないものでした。

そして、スコットランドはイングランドの経済の枠内に組み込まれ、両国間の通商は自由化され、貨幣と度量衡《どりようこう》（長さや重さの定義）も統一されました。そうすることで、イングランド通商圏の恩恵をスコットランドは受けるようになったのです。

ただし、宗教と法に関しては、両国の異なるシステムが合邦後も引き続き残るなど、スコットランドは完全にイングランド化したわけではありませんでした。その後、植民地化が進むアイルランドとは、異なる方向へと歩んでいくのです。

知れば知るほどおもしろいイギリスの偉人⑤

近代を代表する偉大な科学者

ニュートン

Isaac Newton

(1642〜1727)

後世の学問に多大な影響を与える

農園を営む家庭に育ったニュートンは科学とは無縁でしたが、親戚がその才能に気づき、イングランドの名門ケンブリッジ大学に入学し、知識を深めます。

伝染病のペストが猛威をふるったことで大学が閉鎖されると故郷に帰り、「万有引力」と「微積分法」といった理論をまとめあげます。

その後も、力学や数学、光学、天文学など、科学分野で次々と新たな理論を発表していきました。それらの研究成果がまとめられた著書『プリンキピア(自然哲学の数学的諸原理)』は、近代科学の基礎が集められた名著として知られています。

若くして大学教授となり、後半生では国会議員を務め、爵位《しゃくい》を得るなど、イングランド社会で高い地位を築きました。その遺体は歴代の国王が眠るウェストミンスター寺院に葬られています。

chapter 6

大英帝国の栄華

英語が話せない王

1714年、アン女王が亡くなると、王位継承法に基づいてジェームズ1世の孫娘ゾフィーの子どもで、神聖ローマ帝国ハノーヴァー選帝侯のゲオルクが王位に就きました(175ページ参照)。神聖ローマ帝国は、現在のドイツ、オーストリア、チェコ、イタリア北部などを治めていた国です。

ゲオルクはグレートブリテン王国(以降、イギリス)に渡り、グレートブリテン王ジョージ1世として即位しました。このジョージ1世から「ハノーヴァー朝」がはじまります。

即位時に54歳だったジョージ1世は、神聖ローマ帝国のハノーヴァー(現在のドイツ北部)で生まれ育ったため英語が話せず、国民からあまり人気がなかったといわれています。ジョージ1世自身の関心ももっぱら大陸の情勢などで、イギリス国内の政治に関心を寄せることは少なく、政治は大臣などに任せきりになります。ついには内閣の会議である閣議にも出席しないようになりました。

さらにジョージ1世は、絶対王政期の国王のように、議会の決めたことに口をはさんだり、議会と激しく対立したりすることもありませんでした。その結果、この時代にイギリス人の議会政治が大いに発達しました。ここから「国王は君臨すれども統治せず」という現在のイギリスへと続く、立憲政治の原則が確立していきます。

イギリス史上初の首相

このころの議会はステュアート朝時代と変わらず、ホイッグ党とトーリ党の二大政党が有力でした。ジョージ1世はハノーヴァー朝を積極的に支持するホイッグ党に肩入れしました。トーリ党議員には、ステュアート朝系のジェームズ2世と、その子孫を支持するジャコバイトが多くいたためです。

1715年、フランスに亡命していたジェームズ2世の息子、ジェームズ・フランシス・エドワード・ステュアート（老僭王《ろうせんおう》）はジェームズ3世を名乗り、武力による王位奪還をねらって、ジャコバイトとともにスコットランドで武装蜂起します（十五年の反乱）。しかし、計画がずさんだったため、たちまち鎮圧されました。

この蜂起ではトーリ党がジャコバイトとの関係を疑われ、無関係であったトーリ党支持者までもが公職を追われるなどして、議会でホイッグ党の勢いが強まりました。そんな中、ホイッグ党で頭角を現した人物がいます。大蔵卿《おおくらきょう》ロバート・ウォルポールです。

当時のイギリス人はユトレヒト条約によってスペインから手に入れた黒人奴隷供給権を使い、利益を出すために南海《なんかい》会社を設立していました。南海会社は、東インド会社のように、国や国王の特別な許可をもらって貿易を行う会社でしたが、実体はあってないようなものでした。

南海会社は奴隷貿易では利益が思うように上がらず、そのうち、株価を意図的に操作して値段をつり上げて株を売買する投機で利益を出すようになっていました。やがて投機は加熱し、1720年、高騰しきった株価はついに暴落。経済はパニックに陥りました（南海泡沫《なんかいほうまつ》事件）。このとき、公的資金を投入して事態を収拾したのが、閣僚だったウォルポールです。この功績により、翌年にウォルポールは第一大蔵卿に就任し、閣僚の最有力者となりました。

今でこそ、イギリスでは「首相」という呼称が一般的になっていますが、当時はまだ首相という役職はなく、第一大蔵卿が実質的な首相に相当しました。このときに、内閣とその首班《しゅはん》である首相が、国王に代わって議会に対して責任を負うという「責任内閣制」のもととなる仕組みが完成しました。そのため、イギリスの初代首相はウォルポールということになっています。

ちなみに、英語で首相を意味する「プライムミニスター」とは、もともと「専制的な権力者」という意味があり、ウォルポールをののしった言葉が、そのまま首相を意味する名詞となりました。

ウォルポールの政策は平和的でした。増税につながるため、他国との戦争への参加をよしとしませんでした。そして商工業の振興策《しんこうさく》を実施するとともに、新しい農業手法を奨励して穀物の生産量を増加させるなど、国の財政を劇的に改善させました。

ウォルポールが首相を務めた約20年間は、イギリス社会は比較的安定し、平和な時代だったことから、「パックス・ウォルポリアナ（ウォルポールの平和）」と呼ばれます。

しかし1739年、貿易トラブルからスペインと一触即発の事態に陥ります。ウォルポールは乗り気ではありませんでしたが、議会に押されてスペインに宣戦せざるを得なくなり、戦費調達のため増税を余儀なくされます。その結果、1741年の総選挙でホイッグ党は議席を大きく減らし、ウォルポールは第一大蔵卿を退任し、束の間の平和な時代は終わりを告げました。

カブを食わせて「農業革命」

イギリスでは中世以来、三圃《さんぽ》制農業が行われていました。三圃制農業とは耕地を三等分し、春耕地（春に種まきし、秋に収穫する）、秋耕地（秋に種まきし、春に収穫する）、休耕地（耕作を休む）の3つに分け、1年ごとに作物を育てて作づけし、土地を3年に1回は休ませて地味《ちみ》（土地の農作物を育む力）を回復させるという農法です。

ただし、この農法は耕地に種をばらまき、雨水のみで作物が勝手に育つのを待つ、というもので生産性があまりよくありませんでした。だからといって新しい農法を導入しようにも、当時の農村は村人全員が同じ耕地で農作業をしていたため、全員の意見が一致しなければ、古くからの農法を変えることは困難でした。

そこで生産増加を図ろうとする地主は耕地などを垣根《かきね》などで区切り、農作業を行う農

新旧農法の比較

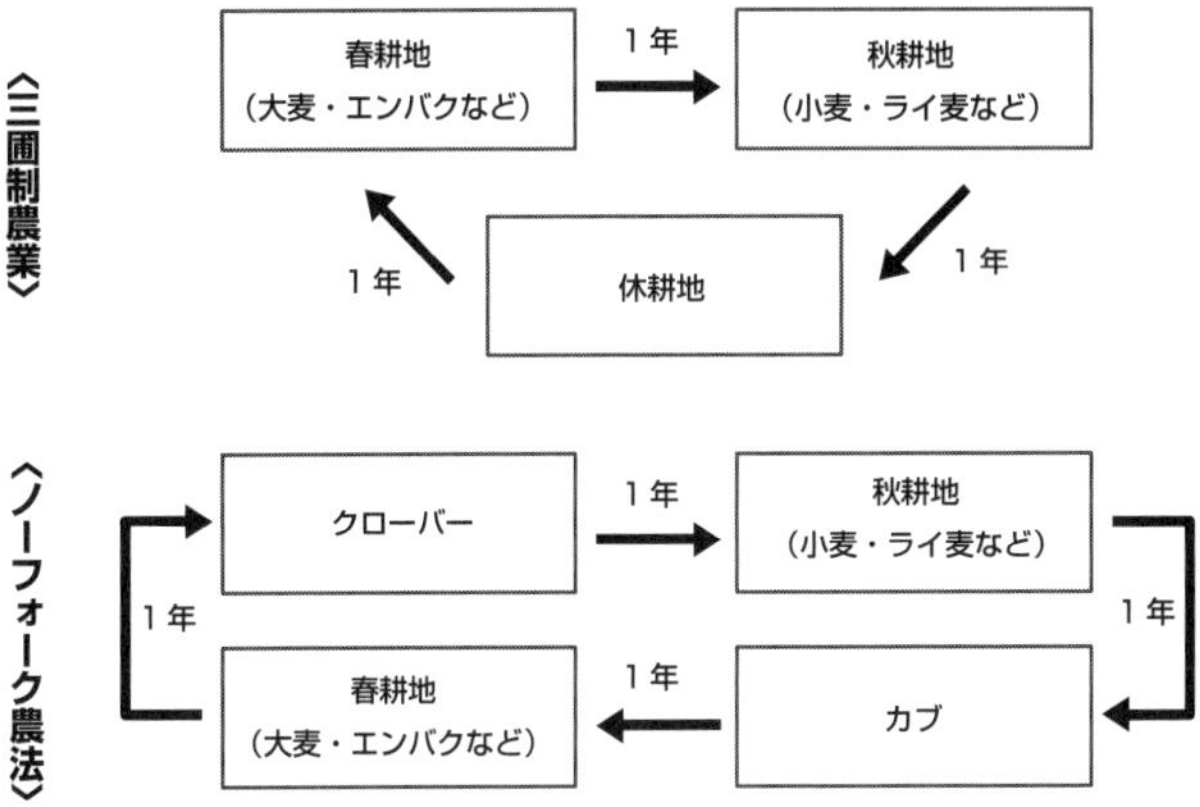

夫を金で雇《やと》って農業を行うようになります。これが、いわゆる「囲い込み（第2次エンクロージャー）」です。

16世紀の第1次囲い込みは牧羊のためのものでしたが、第2次囲い込みは議会の主導による高度集約型農業によるものです。

その一例としては、導入された「種まきドリル」という種まき機で種が等間隔にまかれ、効率的に作物が栽培されるようになりました。

さらに空気中の窒素《ちっそ》を養分として取り込む効果があるクローバーなどを作づけし、これを家畜の飼料や地味を改善する肥料として利用することも浸透します。また、家畜の飼料にカブを使うことで、家畜が大きく育つようになり、バターやミルクなどを安定してつくれるようにもなりました。

1つの耕地で、「かぶ→大麦→クローバー→小麦」と作物を4年周期でつくり変えるため休耕地をつくらずに済み、土地の生産力を押し上げました。この農法はイギリス東部のノーフォークで普及したので「ノーフォーク農法」と呼ばれ、18世紀のイギリスで広がります。

農業の革新によって農作物の生産力が向上したことで食料が増え、イギリスの人口は飛躍的に伸びます。

「産業革命」で社会が変わった

17世紀ごろ、イギリス東インド会社が、ムガル帝国（以降、インド）よりもたらしたキャラコという綿織物がイギリスで大流行します。それまでヨーロッパにおいて衣服などに使われていた毛織物に比べ、薄くて軽く丈夫なうえに肌ざわりがよく、吸湿性にも優れ、あつかいやすい布でした。

しかし、羊毛の生産はイギリスの主要な産業だったことから綿織物の普及に危機感を抱いた毛織物業者の運動により、キャラコの輸入は禁止されます。とはいえ、一度そのよさを知ってしまった民衆の需要はおさえ難《がた》く、綿花を輸入し、綿花から糸をつくる紡《ぼう》績《せき》工場と、糸から布をつくる織物工場がイギリス各地にできはじめます。

そんな中、1733年にジョン・ケイが飛杼《とびひ》という織機《しょつき》の装置を発明します。飛杼によって織りにかかる時間が大幅に短縮されました。さらに、ハーグリーブスがジェニー紡績機、アークライトが水力紡績機といった紡績機械を発明したことで、イギリスの綿製品の生産量は飛躍的に増加しました。

同じころ、発明家で技術者のジェームス・ワットが、鉱山で使用するための動力機として蒸気機関を開発しました。蒸気機関は紡績工場の機械と結びつき、綿布の大量生産が可能になり、イギリスの綿織物の生産量は爆発的に増えました。

産業が機械化すると、機械をつくるための鉄の需要が高まりました。それまでのイギリスは、木材（木炭）を燃料にして製鉄が行われていましたが、木の伐採《ばっさい》により多くの森林が失われるのと同時に、木材の火力では品質のよい鉄がつくれないという問題を抱えていました。そうした問題は、安く容易に入手できる石炭を用いた製鉄技術をダービー一族が開発したことで解決し、鋼鉄《こうてつ》を生産できるようになります。

そして、蒸気機関、石炭、鋼鉄に関する技術は鉄道の発達を促します。それまでの運河や荷馬車による物資の輸送から、鉄道で大量にしかも迅速《じんそく》にできるようになりました。こうした技術の発明や開発による産業と社会構造の変革を「産業革命」と呼びます。

4代続いた同名の王

18世紀前半から19世紀前半までは、ドイツのハノーヴァー選帝侯を兼ねた一族がイギリス王位を継承しました。この間のジョージ1世からジョージ4世までの4人の王の時代を、「ジョージアン時代」と呼ぶこともあります。

ジョージ1世が病死して、1727年に跡を継いだジョージ2世は、みずから兵を率いて戦場で戦った最後の王となりました。イギリスはこの時代に、七年戦争やオーストリア継承戦争などフランスとの戦争に勝利し、のちの大英帝国の基礎を築きます。

1760年に跡を継いだジョージ3世は、イギリス生まれで英語が母国語であり、「イギリスの名を誇りとする」という演説をしています。ジョージ3世の在位期間60年に及び、それまでのどのイギリス王よりも長く王座にありました。

この間、イギリス国内では産業革命が本格化したほか、北米大陸の13の植民地の独立をめぐる戦い（1775～1783年）、フランス革命（1789～1799年）と、それに続くナポレオン戦争（1796～1815年）への参戦など、イギリスを取り巻く世界情勢は急速に変化しました。

ハノーヴァー朝に連なる家系図

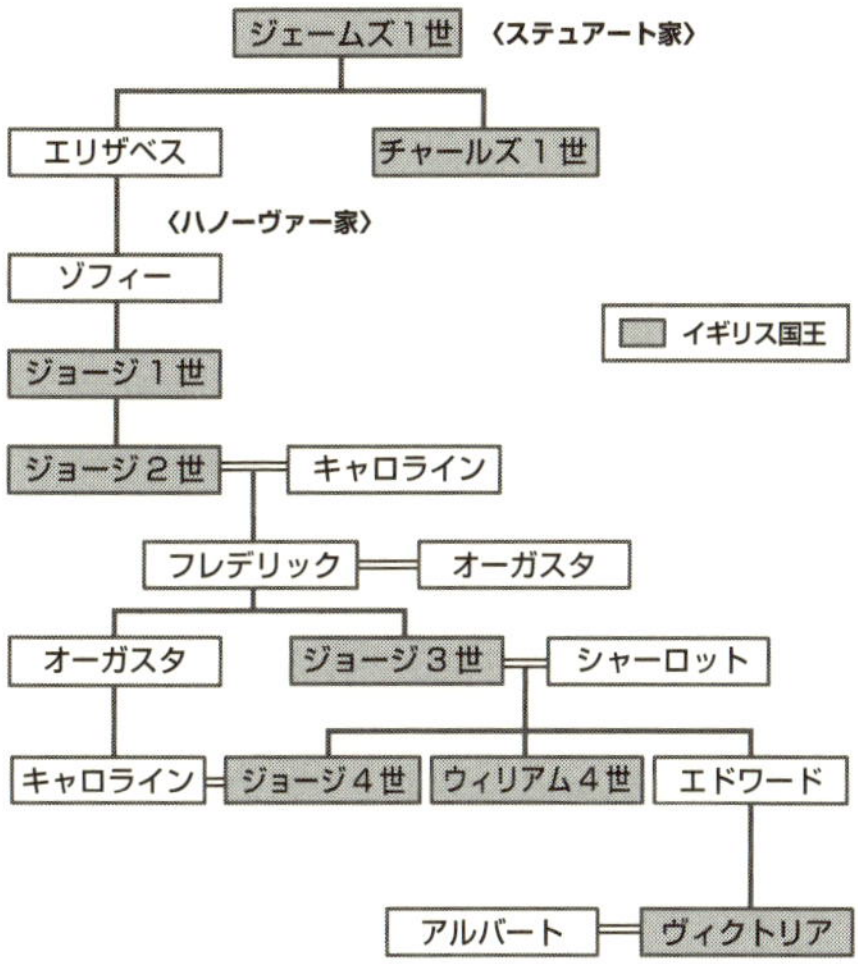

そんな状況において、フランス革命の影響を受けたアイルランドで独立の機運が高まることをおそれたイギリスは、1800年、アイルランド議会をイギリス議会に吸収する「合邦法（アクト・オブ・ユニオン）」を制定し、1801年、「グレートブリテン及びアイルランド連合王国」（以降、イギリス）が成立します。

２つの島が１つの国に

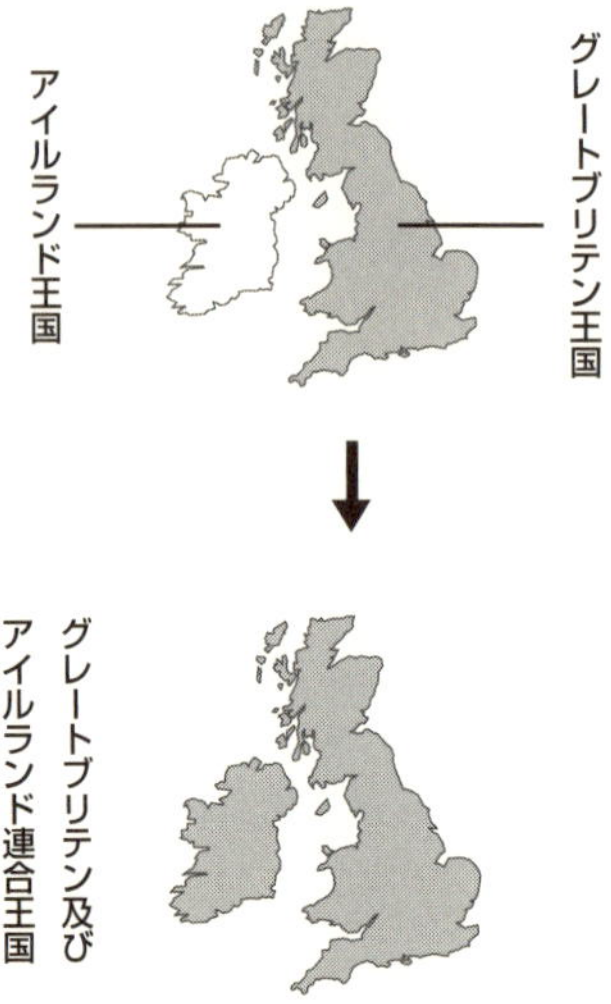

ジョージ3世は晩年、精神を病んだため、息子のジョージを摂政に立てます。そしてジョージ3世が亡くなると、ジョージがジョージ4世として即位しました。ジョージ4世のあとは、弟のウィリアム4世が即位し、1837年に病死するまで在位しました。

このジョージ4世とウィリアム4世の時代に、選挙制度の改革や労働環境の改善など、産業革命によって変化した社会情勢に国の仕組みを合わせるための変革が行われました。

耳が原因で宣戦布告!?

スペイン継承戦争で勝利し、黒人奴隷供給権を得たイギリスは貿易を行う中で、スペインなどとの軋轢《あつれき》がしだいにあらわになります。

1738年、イギリスの庶民院に1人の男が参考人として呼び出されました。男の名前はロバート・ジェンキンスといい、イギリス貿易船の船長でした。彼は西インド諸島のキューバ沖でスペインの沿岸警備艇の官憲《かんけん》（警察）に不当な理由で捕まり、勾留《こうりゅう》されたと訴えました。その際、スペインの役人に切り落とされたとして、自分の耳のブランデー漬《づ》け（塩漬けという説も）を証拠として提出します。

庶民院議員たちは激しく怒り、「アメリカ水域に船を進めるのは、イギリス臣民の正当な権利である」という決議を行います。その決議を受け、首相だったウォルポールは戦争を決意し、1739年にスペインへ宣戦布告します。この戦争をジェンキンスの耳戦争と呼びます。

実際は、イギリスがユトレヒト講和条約で認められた権利に乗じて密貿易を行っており、スペインの沿岸警備艇がジェンキンスを密貿易の疑いで船ごととらえたのです。しかも耳はこのときに切り落とされたものではないという説もあります。

いずれにせよ、ウォルポールのもとで、しばらく戦争に参加しなかったイギリスは、この戦争をきっかけにヨーロッパ大陸や各植民地の戦争に関わっていくことになります。

フランスから植民地を奪う

ジェンキンスの耳戦争は、1740年に勃発したオーストリア継承戦争と結びつき、戦争は各地に飛び火します。オーストリア継承戦争は代々、神聖ローマ皇帝を輩出《はいしゅつ》していたオーストリア・ハプスブルク家の家督《かとく》を、皇帝の娘であるマリア・テレジアへ相続することを認めるかどうかをめぐり、オーストリアとプロイセンが対立。フランスとスペインがプロイセンを、イギリスがオーストリアを支援したことではじまりました。

ヨーロッパ大陸でオーストリア継承戦争が行われる一方、イギリスはフランスと植民地の支配権をめぐり、北米大陸でジョージ王戦争、インドではカーナティック戦争（第1〜3次）を展開します。1748年、ドイツのアーヘンという町で講和会議が行われ、各国がマリア・テレジアの家督相続を認める、オーストリアは領地の一部を割譲することでオーストリア継承戦争は終結しました。

とはいえ、戦争の火種はくすぶり続け、1756年に七年戦争が勃発します。プロイセンとオーストリアの対立構造は変わりませんが、今度はプロイセンをイギリスが支援し、オーストリアをフランスとロシアが支援します。同時に北米、インドの各植民地において、イギリスとフランスの戦争も行われ、戦いは世界的に広がります。

北米地域での戦争はフレンチ・インディアン戦争と呼ばれ、イギリスはケベックやモントリオールを占領し、フランスに勝利します。

1763年のパリ条約で北米中部の五大湖周辺とミシシッピ川以東の植民地をフランスから獲得し、フロリダをスペインから割譲されたイギリスは北米地域での支配権を確立しました。

インドでも、イギリスはフランスを相手に戦いを有利に進めます。1757年のプラッシーの戦いでは、フランス軍の支援を受けたベンガル太守を破って勝利すると、インドにおけるイギリスの覇権は確実なものとなり、1763年のパリ条約でインドの一部都市を除く、すべての地域においい

18世紀半ばごろの英仏戦争

戦争	年	舞台
オーストリア継承戦争	1740～1748	西ヨーロッパ
ジョージ王戦争	1744～1748	北米大陸
カーナティック戦争	1744～1748 1750～1754 1758～1761	南インド
七年戦争	1756～1763	西ヨーロッパ
フレンチ・インディアン戦争	1754～1763	北米大陸

てイギリス支配の優位権をフランスに認めさせました。

これにより、広大な植民地を手に入れたイギリスは、「第一帝国」と呼ばれる植民地帝国を完成させました。

アメリカ独立戦争

ハノーヴァー朝で初のイギリス生まれの王であったジョージ3世は、先代や先々代の王と比べて、イギリスの利害に関心が向いていました。ジョージ3世は即位当初は側近を重用《ちょうよう》し、さらに先代の王がホイッグ党の言いなりになっていると不満を抱いていたため、トーリ党を重用しました。これにより、イギリスの政治を50年にわたって牛耳《ぎゅうじ》ってきたホイッグ党の支配に終止符が打たれます。

この時期、イギリスは対外戦争で勝ち続け、北米大陸やインドにおいて広大な植民地を手に入れます。しかし、戦争に勝ったとはいえ、たびかさなる戦争による出費で莫大な借金が残っていました。

ジョージ3世は借金返済のための原資や植民地の防衛費用を、北米大陸の13の植民地

（北米植民地）に負担させようと、砂糖や印刷物に税金を課します。

北米植民地の不満が高まっているのを受け、イギリスはそれまでの課税を廃止して代わりにタウンゼント諸法を制定します。これは、外地と植民地の貿易を行う際にかけられる関税法で、ガラス、紙、茶などへの課税が決まります。

さらに茶法が制定され、イギリス東インド会社に限り、北米植民地への茶の関税を免除しました。すると、異常に安い価格の茶が植民地に流通することになり、北米植民地でもともと茶をあつかっていた業者が大いに怒ります。

1773年12月、茶を満載し、ボストン港に入港したイギリス東インド会社の貿易船を、インディアンに変装した急進派市民が襲撃します（ボストン茶会事件）。

この事件を受けてイギリスはボストン港の閉鎖やマサチ

そのころ、日本では？

欧米諸国との貿易を制限していた日本ですが、19世紀になると、ほころびを見せます。1808年、イギリスの軍艦フェートン号が長崎港に侵入した事件は、それを象徴するできごとの1つでした。その後、日本は異国船の取り締まりを強化しますが、開国に追い込まれていくのです。

ューセッツ州の自治の取り消しなどの対抗策を取りましたが、植民地との対立を深めるだけで効果はなく、ついに1775年4月19日、マサチューセッツ州レキシントンにてアメリカの民兵とイギリス軍の武力衝突が発生し、アメリカ独立戦争がはじまりました。イギリスは3万の兵を送り込みます。北米植民地（以降、アメリカ）は1776年7月4日に独立を宣言しますが、植民地を失うわけにはいかないイギリスは独立を認めませんでした。

この独立宣言は、17〜18世紀にかけて活躍したイギリスの哲学者であり思想家のジョン・ロックの影響を強く受けています。ロックの自然法思想（人間は生まれながらにして完全な自由を持つ。人間はすべて平等であり、ほかの誰からも制約を受けることはない」という主張）に基づいて、宣言はつくられたからです。

独立戦争の開戦初期はイギリス軍が優位でしたが、1777年サラトガの戦いでイギリス軍が大敗すると形勢は逆転。フランスやスペインの支援を受けたアメリカは勢いづき、1781年のヨークタウンの戦いで、アメリカ・フランス連合軍にイギリス軍は敗れて降伏します。その2年後のパリ条約により、イギリスはアメリカの独立を正式に承認しました。

１７６３年のパリ条約で広大な植民地を手に入れたイギリスでしたが、１７８３年のパリ条約によって植民地としてのアメリカを失いました。第一帝国の時代はこれをもって終わりを迎えます。

それでもイギリスは新たな植民地を増やしていきます。１７６９年には海軍士官だったジェームズ・クックがニュージーランドに上陸し、さらに１７７０年にはオーストラリア大陸に到達して、どちらもイギリスが領有することを宣言するなど、その勢いは衰えませんでした。

社会保障を充実させる

イギリスでは、農業革命により食料が増産され、増えた人口は産業革命によって大量に建てられた工場で働く労働者となります。産業革命は同時に、工場を経営する資本家（ブルジョワジー）と、その工場で働く大量の労働者という新しい社会階層を出現させました。

こうして18世紀半ばには、イギリスは農業国ではなくなり、ヨーロッパでも指折りの工業国へと転換を遂げました。ただし、投票権を持つのは少数のジェントリに限られ、資本家や労働者は選挙に参加できませんでした。

1780年ごろには、ヨークシャーにおいて選挙区の平等や男子普通選挙権、議員への歳費の支給などの議会改革を求める「ヨークシャー運動」が起こりました。この運動がのちに「チャーティスト運動」と呼ばれる改革運動につながっていきます。

選挙制度だけでなく、増え続ける労働者の環境改善のための改革も実施されます。1802年には、世界初といわれる「工場法（徒弟《とてい》法）」が制定されました。綿工場で働く児童や年少者の労働時間を制限し、保護するための法律です。しかし、内容が不十分だったため、その後も何度か工場法は制定し直されます。

1819年には9歳以下の子どもの労働を禁止し、16歳以下の少年工は1日の労働時間を12時間に制限するという紡績工場法が、社会運動家のロバート・オーウェンの働き

で制定されました。それでもまだ十分とはいえず、本当に実効力のある法律は、1833年に成立する「一般工場法」まで待たなければなりませんでした。

貧しい人々を補助する制度も改革されます。それまで貧しい人々を助けてきたのは、その地域の教会やワークハウス（貧困者収容施設）などでしたが、産業革命が進むと、中央救貧行政局を国が設置して対応しました。労働者の生活を保障する仕組みは国がまとめて対応するという、現在の社会保障制度の先駆けとなったといえます。

ヴィクトリア時代

1837年、ウィリアム4世が亡くなると姪《めい》のヴィクトリアが跡を継ぎ、イギリス女王に即位します。同年、ヴィクトリア女王はウェストミンスター区にある建物に住むようになります。これが、現在のイギリス王家の正式な宮殿である「バッキンガム宮殿」です。この少し前の1834年にウェストミンスター宮殿の大半が焼失したため、20年の年月をかけて再建されます。さらには、現在でもロンドンのシンボルである「ビッグ・ベン（時計塔）」がウェストミンスター宮殿に併設されました。

ジョージ1世からウィリアム4世までのイギリス王は、ハノーヴァー王国との同君連合としてハノーヴァー王の称号も兼ねていましたが、ハノーヴァー王は女性が継ぐことができなかったため、ヴィクトリア女王はハノーヴァー王の称号を手放し、イギリスとハノーヴァーの同君連合は解消されます。

18世紀半ばから続いた産業革命によるイギリスの経済成長も、19世紀に入ると落ち着きをみせ、産業革命によって生じた社会のひずみや、労働者の待遇を改善しようという動きが活発化します。

18世紀後半ごろからは、資本家と労働者の利害の対立によって、工場の機械を労働者が破壊する「ラダイト運動」が各地で発生します。労働者が怒りの矛先《ほこさき》を機械に向け、破壊するだけの散発的な運動だったことから、政府の取り締まりによって下火になりました。その後、労働者が団結し、資本家と交渉して労働条件を改善するという労働運動が展開されるようになります。いわゆる「労働組合」の誕生です。

当初こそ禁止された労働運動でしたが、1871年には「労働組合法」が制定され、ストライキ権などが認められました。

イギリスの植民地

イギリスは19世紀半ばまでにニュージーランドやオーストラリア、カナダなどの植民地を獲得します。ヴィクトリア女王の時代、広大な範囲に及んだイギリスの各植民地にもさまざまな動きがありました。

ちょうどそのころ、イギリスでは、清《しん》（中国）から輸入する茶葉の需要が増え、赤字が増えた貿易収支を改善するため、インドで生産した麻薬のアヘンを清に密輸します。これにより、清では大量の銀の流出など、経済上・財政上の問題、また中毒患者が発生して重大な社会問題となったため、アヘンを取り締まったことから、1840年にアヘン戦争が勃発、イギリスは圧倒的な軍事力で清を打ち破ります。

この勝利によってイギリスは、1842年に南京《ナンキン》条約を清と結び、香港《ホンコン》島を割譲させました。イギリス国内では砲艦《ほうかん》外交（武力を用いた外交）が非難されたものの、外交手段として放棄することはありませんでした。

1851年、ヴィクトリア女王の夫、アルバート公の提案により、万国博覧会（万博）がロンドンで開かれました。「世界の工場」といわれた当時のイギリスの工業力や国の豊かさを内外に示すのが目的でした。

１８５０年代から１８７０年代のイギリスは「ブリテン（イギリス）による平和」を意味する「パックス・ブリタニカ」と呼ばれる時代でした。イギリスが強大な軍事力と豊富な資金力、産業力をもって他国を圧倒し、世界各地で戦争が起こってもヨーロッパ全域や世界を巻き込んだ戦争は起こらず、平和が保たれた時代でした。

その後のヨーロッパ大陸が、ドイツ、イタリア、オーストリアによる「三国同盟」、フランス、ロシアによる「仏露同盟」によって情勢が均衡《きんこう》してくると、パックス・ブリタニカにかげりが見えてきます。それでもイギリスは軍事力と経済力を背景に、どの国とも同盟関係などを結ばない外交を貫き、植民地の経営に力を注ぎました。この外交方針は

「栄光ある孤立《こりつ》」と呼ばれます。

1867年、イギリスはカナダの自治を認め、自治領としてのカナダ連邦が成立します。イギリスが植民地の自治を認めたのはカナダが最初です。これによりカナダは、国家元首にイギリス国王をいただき、外交と国防はイギリスの統治下に置かれたままですが、政府と議会を設置でき、自分たちで政治を行えるようになりました。

時代はさかのぼって、1853年にはクリミア戦争が勃発します。当時、弱体化していたオスマン帝国（トルコ）をめぐって地中海まで南下したいロシアと、ロシアの南下を防ぎたいフランス、イギリスがトルコを支援するという戦争です。

この戦争の最中、エジプトではスエズ運河がフランスの外交官レセップスによってつくられつつありました。地中海とインド洋をショートカットする運河は、インドを支配するイギリスにとって、見過ごすことのできない海運の要所でした。

1869年のスエズ運河の完成後、イギリスは1875年にエジプトの財政難に乗じてスエズ運河運営会社の株式を大量に取得。スエズ運河の権利とエジプト支配を強めます。そして1881年に起こった武装蜂起を鎮圧すると、エジプトを植民地としました。

イギリスはインドの支配も強めます。1857年、東インド会社のインド人傭兵部隊のセポイが反乱を起こします。当初はムガル帝国を保護しつつ、インド支配を進めていたイギリスでしたが、反乱をきっかけに滅亡したムガル帝国に代わって、1877年にはヴィクトリア女王がインド皇帝を兼ねることで、イギリス支配による「インド帝国」が成立しました。

このように、植民地の支配を強めるイギリスでしたが、1873年、79年、90年と経済恐慌に見舞われ、成長にもかげりが見えます。さらに、ドイツやアメリカといった新興の国が産業革命を経て経済成長してきたことで、他国からの安い食料や物資がイギリスに大量に流れ込み、国内の経済は打撃を受けました。世界の工場として君臨した「大英帝国」の繁栄は、長く続いたわけではありませんでした。

そのころ、日本では？

1886年、イギリス船籍のノルマントン号が和歌山県沖で座礁《ざしょう》し、日本人乗客が見殺しにされる事件が発生します。裁判が行われたものの、条約に基づいて船長は無罪となったことから、不平等条約に対する日本人の関心は高まり、1894年の日英通商航海条約の締結へとつながります。

日本からの密航者

1863年、世界の工場と呼ばれていたイギリスに、5人の日本の若者の姿がありました。彼らは長州藩（現在の山口県）の藩士で、幕府にだまって密航したのです。ロンドンに到着した彼らは、英語などを学びながら博物館や工場、軍事施設などを見学し、日本とイギリスの国力差に愕然《がくぜん》とします。

帰国後は、それまでの攘夷《じょうい》論者（外国勢力を日本に入れないと主張）から一転して、開国論者（外国と通商関係を持つことを主張）へと変わります。そして、彼らをはじめとした長州藩士は、1863年に起こった薩英《さつえい》戦争後にイギリスへ接近していた薩摩《さつま》藩（現在の鹿児島県）と手を組み、江戸幕府を打倒する原動力となっていきます。

5人は「長州五傑《ごけつ》」と呼ばれ、のちに発足した明治政府で重職に就きます。このうちの1人が、日本の初代内閣総理大臣である伊藤博文です。なお倒幕にあたって、薩長両藩にイギリスは武器を輸出していました。明治時代になると、イギリスから多くの技術者（お雇い外国人）がやってきて、当時の最新技術を日本にもたらすのです。

ひみつコラム

世界初の鉄道と地下鉄

鉄道を通じて植民地を効率よく経営する

鉄製のレールの上に車輪をのせ、車両を走らせる仕組みは、摩擦《まさつ》が非常に少なく、エネルギー効率がよいため、重い土砂や岩石を運び出す必要のあった鉱山では昔から使われていました。これらの輸送車両が鉄道の発祥《はっしょう》といえます。そのころの鉄道の動力は主に馬でした。

18世紀に蒸気機関が発明されてからは、蒸気機関車がまたたく間に普及しました。蒸気機関車によって物資（石炭）を運ぶ世界初の鉄道は１８２５年の「ストックトン・ダーリントン鉄道」、蒸気機関車によって人を運ぶ世界初の鉄道は１８３０年の「リヴァプール鉄道・マンチェスター」といわれています。

鉄道の登場により、人の移動が活発になるだけでなく、工場で生産された商品が効率よく流通するようになり、国民は国としての一体感を強く感じるようになりました。イ

1830年代の鉄道網

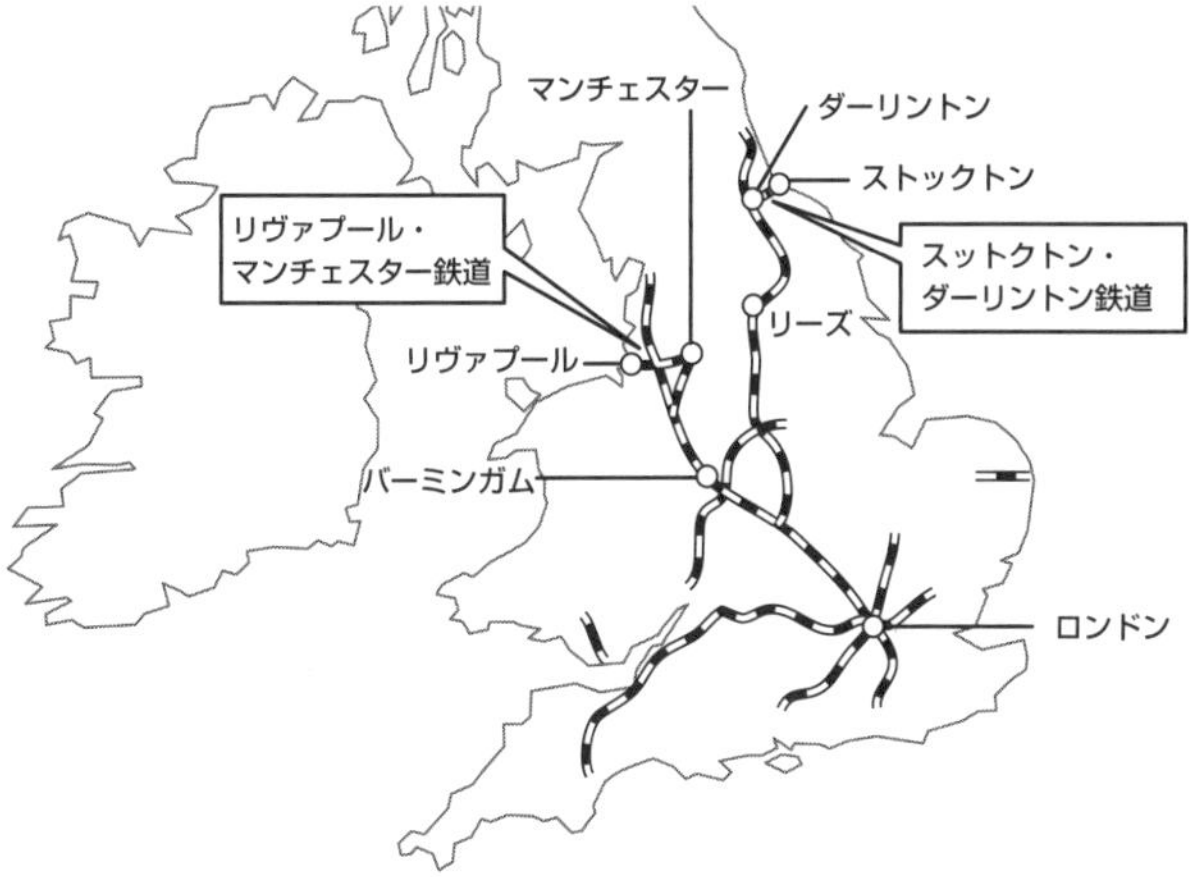

ギリスは、1840年代に「鉄道狂時代」と呼ばれるほど、鉄道を敷設《ふせつ》するブームが到来しました。

そして、植民地にも大量の人員と物資を投入、輸送する必要のあったことから鉄道は次々と建設され、鉄道網はイギリス本国に留まらず世界へと広がっていきました。

都市と都市をつなぐだけでなく、都市内の交通手段としても鉄道は敷かれていきます。

1863年には世界初の地下鉄がロンドンに開通しました。当時のロンドンは人口が急増し、馬車などで地上は混雑していたため、地下に列車を走らせるという案が実行されたのです。

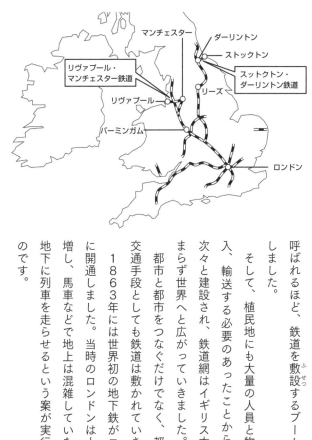

知れば知るほどおもしろいイギリスの偉人⑥

推理小説という分野を確立した作家

コナン・ドイル

Conan Doyle

（1859～1930）

イギリス社会から作品は生み出された

鹿撃《しかう》ち帽《ぼう》にパイプというスタイルで、次々と難事件を解決していく探偵シャーロック・ホームズ。彼が登場する作品は、推理小説の元祖として読みつがれています。

作者のコナン・ドイルはスコットランドの生まれです。大学で医学を学んだのち、診療所を開所し、暇《ひま》な時間を利用して書いたシャーロック・ホームズシリーズ第１作『緋色《ひいろ》の研究』が大ヒットしました。

推理小説というジャンルは、1830年代、警察が犯罪を捜査して犯人を逮捕するという警察制度がイギリスにできたことが下地となっています。さらに、このころのロンドンは産業革命によって人口が急激に増え、治安が悪化して犯罪が増えていたことも背景にあります。

ドイルは推理小説だけでなく、ほかのジャンルの小説も数多く書いており、SF 小説『失われた世界』はよく知られています。

chapter 7

二度の世界大戦

ドイツが新たなライバル

20世紀のはじまりとともに、ヴィクトリア女王に代わってエドワード7世が即位しました。これにともない「ハノーヴァー朝」は、エドワード7世の父であったアルバート公の実家の名から「サクス・コバーグ・ゴータ朝」と改称されます。

エドワード7世は、南アフリカ戦争（ボーア戦争）で国力をすり減らしてしまったことや、ドイツ帝国やロシア帝国との対立などを考慮し、それまでのイギリスの「光栄ある孤立」という外交方針を改め、諸外国との協調をはかりました。

まず、ロシアに対抗するため、１９０２年に日本と「日英同盟」を結びます。ロシアは19世紀から中央アジアの南方へ勢力を拡大し（南下政策）、アフガニスタンを実質的に支配下に置いていたイギリスとたびたび衝突していました。このロシアとイギリスの対立は「グレート・ゲーム」と呼ばれます。さらに、ロシアは極東のウラジオストクなどで海軍力を増強し、太平洋でのイギリスの活動をおびやかすようになっていました。

そこで、同じくロシアの勢力拡大をおそれる日本と同盟を結んだのです。

イギリスの対外政策と衝突する他国の政策

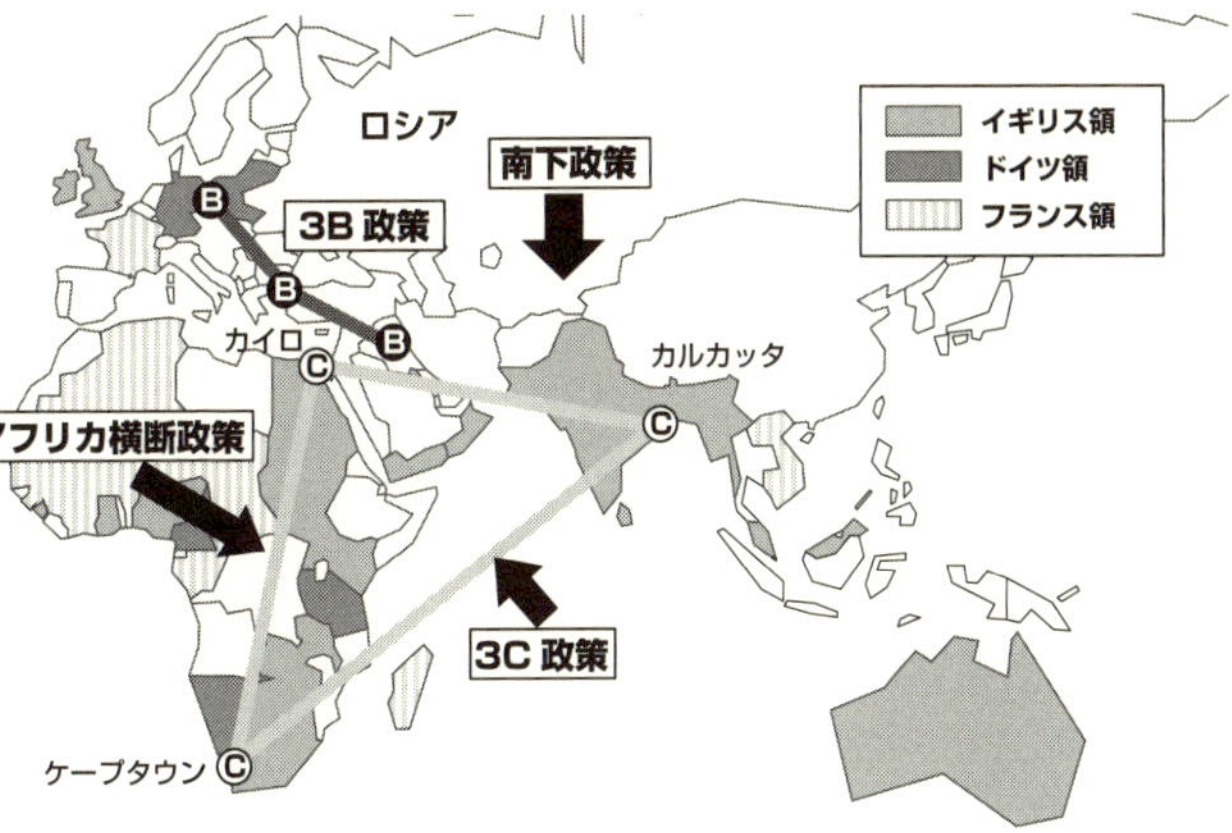

1904年に日露戦争が勃発すると、ロシアはヨーロッパの軍港から極東へバルチック艦隊を派遣しました。この艦隊は長い航海のため途中で燃料などを補給する必要がありましたが、イギリスは、アフリカやアジア各地にあるイギリス植民地に寄港することを拒否しました。こうしたイギリスの協力もあり、翌年、日本はロシアに勝利します。

一方、19世紀を通じてイギリスとフランス共和国はアジアやアフリカで植民地獲得競争を続けていましたが、20世紀初頭には両国の勢力圏がほぼ確定しました。これにより、日露戦争と同時期、フランスと友好条約である「英仏協商」を結びました。日露戦争に敗れたロシアは、太平洋での勢力拡大を一時的にあきらめてイギリスとの関係の改善をはかり、1907年にイギリスとロシアは「英露協商」を結びました。

これら一連の外交の成果により、エドワード7世は「ピースメーカー（平和をもたらす者）」と呼ばれました。しかしその反面、ロシアに代わってドイツとの対立が浮上します。かねてよりイギリスは、エジプトのカイロ、南アフリカのケープタウン、インドのカルカッタを結ぶ通商ルートを勢力下に置く「3C政策」を進めていました。これに対抗する形で、新興勢力のドイツは、自国の首都ベルリンと、オスマン帝国（トルコ）のビザンティウム（現在のイスタンブール）、アラビア半島のバグダードを結ぶ通商ルートを勢力下に置くことを目指しました。これが「3B政策」と呼ばれるもので、このドイツの政策が、イギリスの3C政策との対立要因になります。

王室の名前を変えたワケ

英独の対立が深まる中、国内では1906年に、新興の商工業者の支持を集めて自由党内閣が発足します。自由党政権は自由貿易を進める一方、高齢年金や国民保険などを充実させました。こうした福祉政策には、労働者階級の生活を安定させることによって、労働者が暴力的な革命を唱えるのを防ぐ側面がありました。

このころヨーロッパでは、ロシアとオーストリアがバルカン半島の覇権をめぐって深刻な対立を続け、ロシアはイギリス・フランスと「三国協商」を結び、オーストリアはドイツ・イタリアと「三国同盟」を結びました。１９１４年、三国協商を中心とする連合国と三国同盟を中心とする同盟国が衝突し、第１次世界大戦が起こります。

イギリスは日英同盟に基づいて、日本に太平洋でのドイツ東洋艦隊への攻撃を要請。日本軍は中華民国の山東省《サントン》にあったドイツ租借地《そしゃくち》（ある国が、合意のうえで期限つきで他国から借りた領土のこと）の青島要塞《チンタオようさい》を占領します。

両陣営で25カ国が参加した第１次世界大戦は予想以上に長期化し、戦闘機や潜水艦、毒ガスなどの新兵器が投入されます。１９１５年にはドイツ軍の飛行船がロンドンを空襲し、歴史上初となる空からの攻撃によって市民はパニックに陥りました。

イギリスでは18歳から41歳までの男性に対し、初めて徴兵制を施行《しこう》しました。成人男性が軍隊に取られたことで、工場や商業施設などでの女性労働者が増え、軍人のみならず国民がみな戦争に動員される、いわゆる「総力戦体制」が取られます。

国民の間では反ドイツ感情が高まり、1917年にはサクス・コバーグ・ゴータ朝というドイツ系に由来する王朝の名を、ウィリアム1世以来、イングランド王家が受け継いできた王城をもとに「ウィンザー朝」へと改称しました。ちなみに、このウィンザー城は現在、イギリス国王の週末の住まいとなっています。

「三枚舌外交」が火種を残す

イギリスは中東でトルコの勢力を弱めるため、トルコの支配を受けるアラブ人の独立運動を支援します。とくに、考古学者のトマス・エドワード・ロレンスは、イギリス軍将校としてアラブ人と肩を並べてトルコ軍と戦い、その活躍は映画化された『アラビアのロレンス』で広く知られるようになりました。

大戦中の1915年10月、イギリスはメッカの太守フサインとの間で、アラブ人の独立を認める「フサイン・マクマホン協定」を結びます。ところが1917年、イギリスはロスチャイルド家などユダヤ系の資産家の協力を得るため、中東のパレスチナ（現在

矛盾だらけの外交政策

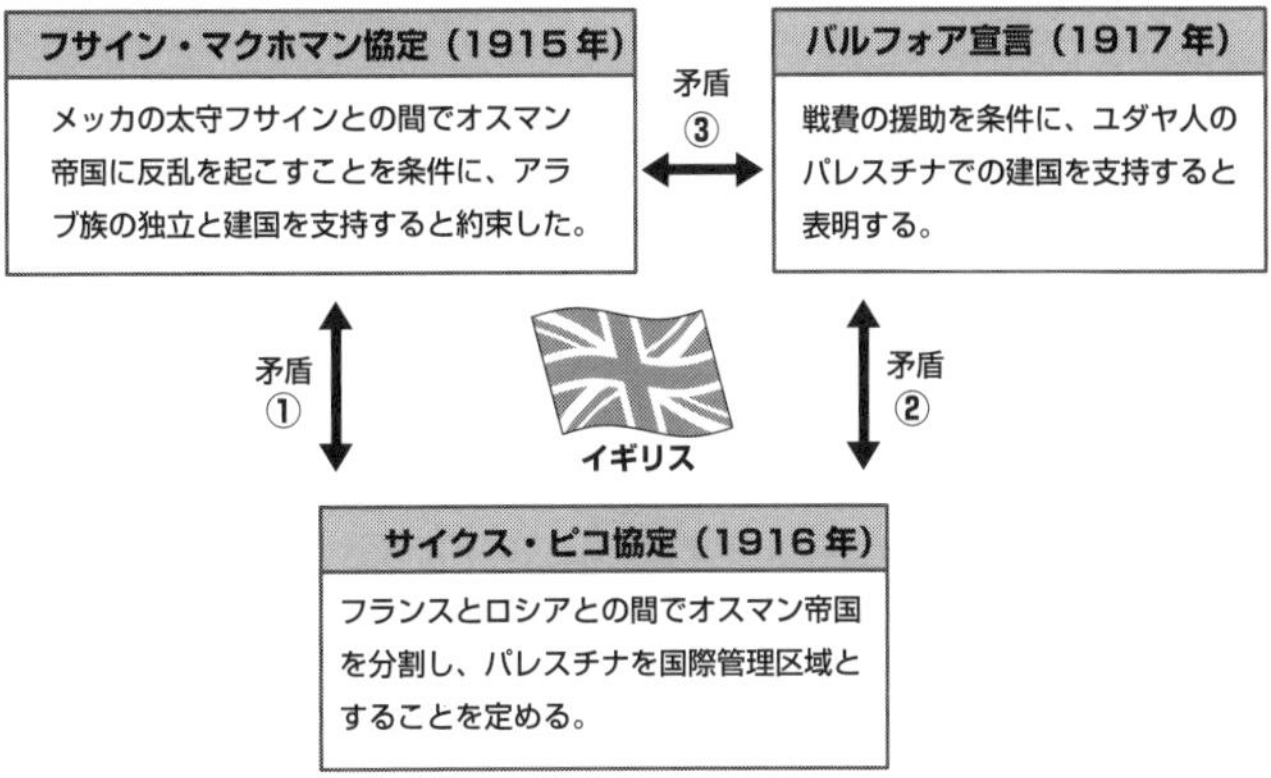
フサイン・マクホマン協定（1915年）
メッカの太守フサインとの間でオスマン帝国に反乱を起こすことを条件に、アラブ族の独立と建国を支持すると約束した。
矛盾③
バルフォア宣言（1917年）
戦費の援助を条件に、ユダヤ人のパレスチナでの建国を支持すると表明する。
矛盾①
イギリス
矛盾②
サイクス・ピコ協定（1916年）
フランスとロシアとの間でオスマン帝国を分割し、パレスチナを国際管理区域とすることを定める。

のイスラエルの場所）でのユダヤ人国家建設を支援する「バルフォア宣言」を発しました。

しかし、その前年に同盟国のフランスとロシアとは、中東の分割を秘密《ひみつ》裏に約束した「サイクス・ピコ協定」を結んでいました。これが、中東をめぐるイギリスの「三枚舌外交《さんまいじた》」と呼ばれたものです。

結局、大戦後の中東はイギリスやフランスなどの大国の都合で管理され、アラブ人の独立を支援したロレンスの理想は裏切られました。しかも、現地のアラブ人の了解を得ないままユダヤ人がパレスチナに入植を進めます。１９４８年にイスラエルが建国され、今日にいたるユダヤ人とアラブ人の対立が深刻化しました。

大戦の長期化で国民が困窮していたロシアでは、1917年に革命（ロシア革命）が起こって帝政が打倒されます。翌年に誕生した社会主義政権の下で、ドイツと単独で講和を結びました。その後、革命後のロシアを中心にザフカース、ウクライナ、白ロシアの各共和国が統合し、1922年にソビエト社会主義共和国連邦（ソ連）が成立します。

アメリカは開戦以来、ヨーロッパの情勢を中立の立場で見守っていました。しかし、ドイツ海軍が連合国に物資を送るアメリカの民間船まで次々と攻撃するようになり、アメリカ人にも多大な犠牲が出たため、ロシアと入れ替わるように連合国に参加します。

こうして多大な工業力を有するアメリカが参戦したことに加え、ドイツで革命（ドイツ革命）が起こり、帝政が倒れて共和国が誕生したこともあって、大戦は1918年に連合国側の勝利で終わりました。

二大政党の一方が交替

イギリスの第1次世界大戦での植民地を含めての戦死者数は、80〜90万人にも及びました。総力戦を展開したイギリスはかつてないほど国力をすり減らしたために、戦後の国際社会ではアメリカの影響力が急速に高まります。

イギリスとフランスは大戦中、戦費調達のためにアメリカから多額の資金を借り入れました。その穴埋めのため、1919年に開かれた「パリ講和会議」では、敗戦国となったドイツに巨額の賠償金を課します。金額は最終的に1320億金マルクとされ、当初の予定では完済に約60年かかる計算でした。高名なイギリスの経済学者ジョン・メイナード・ケインズは、パリ講和会議にイギリス財務省の代表として参加し、賠償額の過大さを批判しています。

苦しい生活を強《し》いられたドイツ国民の間では連合国への不満が募り、これが連合国への復讐を望む感情と結びついて、のちにナチス政権の誕生につながります。

大戦を機に、イギリスの国内政治にも大きな変化が訪れます。成人男性の多くが徴兵された穴を埋めるため女性の社会進出が拡大し、女性の政治的な発言力が高まりました。1918年には、第4回選挙法改正で初めて女性の参政権が認められます。ただし、30歳以上で世帯主となっている女性か、世帯主の妻のみという条件つきでした。さらに1928年の第5回選挙法改正により、21歳以上の男女普通選挙が実現します。

また、戦争にともなう工業従事者の増加と、ロシアで起こった社会主義革命の影響によって労働者の待遇改善や社会保障の充実を求める運動が活発になります。影響はイギリス議会に及び、19世紀以来の保守党と自由党の二大政党による体制がくずれ、労働組合の代表会議を前身とする「労働党」が、1924年に初めて政権を獲得します。これ以降、自由党に代わって労働党と保守党の二大政党が政界を左右するようになりました。

自治権をくれよ!

イギリスでは、1914年にアイルランドの自治を認める法案が成立しましたが、大戦が勃発したためにアイルランド住民はイギリスへの服従と協力を要請されたうえ、自治法の施行は延期されます。

これに反発するアイルランドのシン・フェイン党は、1916年に「イースター蜂起」を起こしました。アイルランド住民の多数は蜂起に無関心でしたが、イギリス政府は蜂起の鎮圧後、シン・フェイン党を徹底的に弾圧したため、アイルランド住民の間でイギリス政府への強い不満が広がります。そして、1919年にはアイルランド独立戦争が勃発しました。

独立戦争は1921年にアイルランド国民議会とイギリス政府代表団との間で結ばれた「英愛条約」で終結し、さらにイギリスはアイルランドの自治を認め、1922年にアイルランドは自治領「アイルランド自由国」となります。

ただし、プロテスタントの多い北部6県（現在の北アイルランド）はイギリス領に留まりました。これにともない、1927年にイギリスの正式国名は、「グレートブリテン及び北アイルランド連合王国」に改称されました。現在も、外交文書などでは、この名称が使われています。

アイルランドのみならず、インドなどの海外植民地でも独立を求める声が高まります。背景には、大戦を機にロシア、ドイツ、オーストリア、トルコという4つの帝国が崩壊し、それまで大国の支配下に置かれていた民族が政治的

そのころ、日本では？

1921年、皇太子時代の昭和天皇が、日本の皇族として初めてヨーロッパを訪問し、立憲君主の手本としてイギリス王室と深く交友を結びました。親英派の昭和天皇は国際協調を目指しましたが、1930年の「ロンドン軍縮条約」により、日本の陸海軍はイギリスを敵視するようになります。

に自立することを目指す「民族自決」の考え方が世界的に広まったこともあります。

中東やアジアの各地では独立運動が激化し、19世紀末からイギリスの支配下に置かれていたアフガニスタンは1919年に独立します。同じくエジプトも1922年に独立しますが、スエズ運河の利権は引き続き、イギリスが有しました。このほか中東では、1920～1930年代に、イギリスの勢力圏だったイランやイラクなどの国ぐにが次々と独立を果たします。

イギリス植民地の中でも、とくにインドは第1次世界大戦で大量の兵員や労働力をイギリスに供出したので、その見返りとして自治権の拡大を求める声が高まっていました。

1929年にはインドの独立運動をリードしてきたインド国民会議が、自治権の拡大からさらに進んで、イギリスからの完全独立を求めることを決議します。インド国民会議の幹部であったガンディーはイギリス留学を経て、南アフリカで弁護士として働いた経験を持ち、法律の知識も豊富でした。ガンディーは「非暴力・不服従」による闘争を呼びかけ、イギリス製品の不買運動などを展開しました。

インドと同じくイギリスの海外領土で、白人移民による自治政府が置かれていたカナ

イギリスを中心とした新たな国家連合

ダやオーストラリアなども、第1次世界大戦中はイギリスに多大な協力をしていたことから、イギリス本国と対等の立場を求める声が高まります。

これを受けて、1931年にイギリス議会で「ウェストミンスター憲章《けんしょう》」が成立しました。従来の植民地をイギリス本国と対等な独立国としたうえで、イギリス国王を首長とする国家連合（コモンウェルス・オブ・ネーションズ）を形成するもので、カナダやオーストラリア、ニュージーランド、南アフリカ連邦、アイルランド自由国などが参加しました。この枠組みは「イギリス連邦（英連邦）」とも呼ばれます。のちの第2次世界大戦後には、新たに独立したインドやシンガポール、パプアニューギニア、ガーナ、ケニア、ナイジェリアなどのアジア・アフリカ諸国が加わりました。

大戦の反動で平和が訪れる

第1次世界大戦での各国の戦死者の総数は1000万人近くに及び、被害の大きさから戦後は国際的に反戦ムードが広がります。1920年にはアメリカ大統領のウィルソンの提唱によって、国家間の紛争を話し合って解決するための機関として「国際連盟」が発足し、イギリスをはじめとする各国が加盟しました。

さらに、各国での軍艦の建造競争を抑えるため、1920～1930年代には「ワシントン海軍軍縮会議」と「ロンドン海軍軍縮会議」が開かれ、海軍力の均衡がはかられました。ただし、日本はイギリスとアメリカよりも軍艦の総重量数が低く設定されたので、日本の軍人は不満を抱き、これが後年の日本と米英の対立の一因になります。

第2次世界大戦が起こるまでの1920～1930年代の平和な時代には、大衆娯楽文化が発達しました。イギリスでは1922年からラジオ放送がはじまり、この5年後には国営のＢＢＣ（イギリス放送協会）が発足します。多くの国民がラジオを聴くようになり、音楽やスポーツ中継、ラジオドラマなどの番組が登場しました。さらにＢＢＣは、１９３６年に世界で初めてテレビ放送を開始します。なお、本格的にテレビが普及するのは、１９５０年代からです。

娯楽小説では、19世紀からコナン・ドイルの『シャーロック・ホームズ』シリーズが人気であり、１９２０年代には新たにアガサ・クリスティなどの作家が登場します。また、映画館が次々と新設されてアメリカ映画が大量に輸入され、イギリスからアメリカに移民した喜劇役者のチャップリンなどの作品が人気を博しました。

王位を捨てて愛する人を選ぶ

世界的に平穏なムードが続いていた１９２９年、アメリカのニューヨーク証券取引所で株価の大暴落をきっかけに「世界恐慌」がはじまります。各国の企業は投資を控え、輸出入は振るわなくなり、世界的に不景気が広がりました。

こうした中、イギリスは１９３２年に、カナダやオーストラリアなどイギリス連邦に加盟する国ぐにと「オタワ協定」を結びました。これは、イギリス連邦の加盟国（イギリスと同じく通貨にポンドを使う「ポンド圏」の国ぐに）でのみ関税を低く設定し、それ以外の外国との貿易を控《ひか》えることで、イギリスの利益を守るという方針です。こうした関税ブロックが、通貨ブロックと組み合わさって「ブロック経済」が形成されました。

イギリスと同じく多くの海外植民地を持つフランスも、ブロック経済政策を取りました。一方で、共和国となっていたドイツは第1次世界大戦に敗れて植民地を取りあげられたうえに、賠償金の支払いや、世界恐慌による景気の悪化によって国民の不満が増大。ヒトラー率いるナチス党が、巨額の賠償金を背負わせたイギリスなどの諸国との対決姿勢と排外主義を唱えて支持を集め、1933年に政権与党の座に就きました。

国際的な緊張が高まる中、イギリス王室では前代未聞のトラブルが起こります。1936年に即位したエドワード8世が、アメリカ人で既婚女性のウォリス・シンプソンと恋に落ちたのです。当時のイギリスの上流階級では許されることではありません。エドワード8世はウォリスと結婚するために退位し、弟のヨーク公がジョージ6世として即位しました。この騒動は「王冠を掛けた恋」と呼ばれ、広く話題になります。エドワード8世（退位後はウィンザー公）は、ドイツのナチス政権に好意的だったので、のちに王族から遠ざけられています。

イギリスは当初、ドイツのナチス政権と友好的な関係を持とうとしました。そのため、第1次世界大戦後に非武装地帯とされていたラインラント（ライン川沿岸地方）にドイツ軍が進駐して領土拡大の姿勢を示しても、イギリスは黙認します。

ドイツは1938年にオーストリアを併合しました。同年に英・仏・独・伊の首相が集まり開かれた「ミュンヘン会談」でイギリス首相のチェンバレンは、ドイツがさらにチェコスロバキアのズデーテン地方を併合することを認めます。チェンバレンはドイツに譲歩すれば戦争を回避できると考えたのです。しかし、その淡い期待は裏切られます。

ロンドンは見捨てない

1939年9月、ドイツ軍がポーランドに侵攻し、ついに第2次世界大戦が勃発しました。3年前に兄のエドワード8世に代わって即位したジョージ6世は病弱で、声を出しにくいという障害がありましたが、戦時下で強いリーダーシップを発揮します。

開戦の翌年5月、ドイツ軍はなだれを打ってフランスに侵攻しました。イギリス国民が不安に震える中で首相に就任したのが、ウィンストン・チャーチルです。チャーチルは名門貴族のマールバラ公爵を祖父に持ち、青年期は陸軍軍人として南アフリカ戦争（ボーア戦争）に参加し、第1次世界大戦の初期には海軍大臣を務めています。かねてよりチャーチルは、ドイツとの対決姿勢を唱えていました。

チャーチルは即座にフランスを支援するために兵を送りましたが、高速な戦車隊と航空隊を備えたドイツ軍は、わずか6週間あまりでパリに攻め入り、フランスを降伏させます。イギリスが派遣した部隊や、フランス軍の残存兵力などの連合軍の残存兵はイギリスに逃れました。

フランスの大部分はドイツに服従するペタン元帥の統治下に置かれましたが、ドイツへの徹底抗戦を唱える将軍のシャルル・ド・ゴール（のちのフランス大統領）らは、「自由フランス」を結成し、イギリスの保護下で戦いを続けます。

ドイツはドーバー海峡を越えてイギリスへの侵攻をはかり、手はじめに制空権を奪うため航空隊にロンドンを攻撃させました。イギリス空軍は全力をあげてこれを迎撃します。この一連の空戦は「バトル・オブ・ブリテン」と呼ばれています。

ドイツ空軍は何度もロンドンを爆撃しますが、ジョージ6世はロンドンに留まって市民を鼓舞したので、苦難に耐えるなかで国民の一体感が高まります。ロンドンでは地下鉄の施設を臨時の防空壕《ぼうくうごう》に活用したり、市民が敵機への警戒網を築きました。さらに、イギリスは各国に先駆けてレーダーによる監視網を導入して防備を固めました。

イギリスが抵抗を続けるうち、ドイツは東部地域で1941年6月にソ連と開戦し、ソ連との戦闘に兵力を集中させるため、イギリス上陸作戦をあきらめます。ただし、大戦の後期にもドイツ軍はロンドンへの攻撃を試み、世界初の長距離弾道ミサイルであるV2ロケットを、何度もロンドンに向けて発射しました。逆に、連合国が優勢に転じて以降は、イギリス軍もドレスデンなどのドイツの都市を爆撃しています。

イギリス抜きで話が決まった⁉

第2次世界大戦の勃発以来、アメリカは中立を守っていましたが、イギリスに物資を提供して協力姿勢をとりました。1941年8月、チャーチルとアメリカ大統領のローズヴェルトが会談して「大西洋憲章」を発表しました、領土の不拡大、各国の経済協力などを盛り込み、戦後の国際秩序の基本となります。

同年12月、日本がイギリスとアメリカに宣戦布告します。1937年以来、日本は中華民国と宣戦布告のないまま戦争状態に陥っていました。これが、いわゆる日中戦争です。イギリスとアメリカは中華民国を支援していたため日本との関係が悪化し、日本はドイツ・イタリアと同盟を結んで枢軸《すうじく》国を形成します。アメリカは日本に中国大陸からの完全撤兵を要求しましたが、日本はこれを拒否し、開戦にいたりました。

イギリスは、ヨーロッパでのドイツとの戦闘に兵力を割かれていたので、アジアでの日本への反撃に出遅れます。日本軍は開戦後、香港やマレー、シンガポール、ビルマ（ミャンマー）など、アジアにおけるイギリス植民地を次々と占領し、インドやオーストラリアにあったイギリス軍の拠点も爆撃しました。

しかし、日本との開戦を機にアメリカが正式に参戦したことで状況は一変。連合軍はヨーロッパ戦線でもアメリカから兵員と武器を大量に提供され勢いづきます。さらに、ドイツ軍がソ連の主要都市の攻略に失敗し、連合軍は優位に転じました。

1944年6月には、アメリカとイギリスを中心とする連合軍がフランスのノルマンディーに上陸し、約2カ月後にはパリを解放しました。ほどなくドイツも日本も連合軍の爆撃を受けるようになり、枢軸国の劣勢は火を見るよりも明らかでした。

1945年2月、ソ連領のクリミア半島のヤルタにおいて連合国の主要な首脳である、イギリスのチャーチル、アメリカのローズヴェルト、ソ連のスターリンが「ヤルタ会談」を行い、戦後処理について話し合いました。

ヤルタ会談ではほかにも、「ドイツが降伏した3カ月後、ソ連は日本に宣戦する」という秘密協定が結ばれますが、これはローズヴェルトとスターリンの2人のみで決められ、あとからチャーチルに通告されました。この一件が象徴するように、戦後の国際社会はアメリカとソ連が主導権を握ります。

知れば知るほどおもしろいイギリスの偉人❼

イギリスを勝利に導いた政治家

チャーチル

Winston Churchill

（1874～1965）

国民を奮《ふる》い立たせて国を守り抜く

歴代のイギリス首相の中で、最もイギリス国民に敬愛されているのが、チャーチルでしょう。

保守党に属する庶民院議員の子として生まれたチャーチルの学業成績はお世辞にもよくなく、軍の士官学校に進み、陸軍に配属されます。いくつかの戦場を経験後、選挙に立候補し、若くして保守党の庶民院議員に当選。のちに自由党へ移籍して海軍大臣時に第１次世界大戦が起こりますが、かんばしい成果はあげられませんでした。

その後、保守党へ復帰した際、第２次世界大戦が勃発。議会に請《こ》われて首相の座に就き、ナチスとの徹底抗戦を表明。ドイツ軍の爆撃を受けた地域をめぐるなど国民の士気を高め、イギリスは降伏することなく終戦を迎えます。そして、以後も議員を務めました。

なお、戦後に『第２次世界大戦』という本を著して、ノーベル文学賞を受賞しています。

chapter 8

21世紀のイギリス

冷戦を象徴する「鉄のカーテン」

1945年5月にドイツは降伏し、続いて8月には日本が降伏して、第2次世界大戦は連合国の勝利に終わります。イギリス国民を鼓舞して勝利に導いたチャーチルは絶大な支持を集めました。ところが、同年7月の総選挙では労働党が圧勝。保守党のチャーチルは退陣し、新たに首相となったアトリーのもとで内閣が発足しました。

じつは、戦時下のチャーチル政権は、すべての政党が結集した「挙国一致内閣」だったので労働党の大臣も入閣していました。労働党の閣僚は、戦時下で均等に食料や物資を配給するなど、国民の生活を安定させる政策で信頼を得ていたのです。

アトリー政権は戦後の復興のため基幹産業の国有化を進めたほか、健康保険や失業保険、高齢年金などの社会保障の充実を掲げて「ゆりかごから墓場まで」、つまり、生まれてから死ぬまで政府が国民の生活を保障する政策を打ち出しました。

一方、戦後の国際社会では戦勝国で自由主義国の中心となったアメリカと、新たに誕生した社会主義国のリーダーとなったソ連の対立（冷戦）が激化します。とくに、敗戦国となったドイツは、自由主義国の西ドイツ（ドイツ連邦共和国）と社会主義政権の東ドイツ（ドイツ民主共和国）に分割され、冷戦の最前線になりました。

首相を退陣したチャーチルは1946年にアメリカを訪問したおり、ヨーロッパでは自由主義陣営に属するフランスや西ドイツなどの西欧諸国と、社会主義陣営に属するポーランドやチェコスロバキアなどの東欧諸国の間に、「鉄のカーテンが降ろされている」と発言します。このフレーズは世界中で流行語になりました。

親離れしていく植民地

戦後のイギリスをめぐる大きな変化の1つは、植民地が次々と独立したことです。第2次世界大戦でイギリスに兵員や物資を提供した植民地の多くで独立を求める声が高まったことに加え、大戦中のイギリスは、日本やドイツの帝国主義的な領土拡張を批判していた手前、従来のように帝国主義を正当化するのが難しく、さらに海外に駐留するイギリス軍の維持費が大きな負担となっていました。

1947年にはインドが独立します。このとき、イスラム教徒が多い西部と東部の地域はパキスタンとしてインドから分離し、東パキスタンはのちにバングラデシュになります。1948年にはビルマ（ミャンマー）が独立し、続いてアジア、アフリカ、オセアニアなどの植民地が次々と独立していきました。

戦後の王室は、政治との関わりが小さくなりながらも、国民からは一定の敬意を集め、世界の王族間の外交でも大きな役割を果たしていました。

1952年にはジョージ6世が没し、エリザベス2世が即位しました。25歳で即位した女王の治世は65年以上に及び、ヴィクトリア女王の治世をしのぎます。

このころイギリスは、朝鮮半島でソ連を後ろ盾とする朝鮮民主主義人民共和国（北朝鮮）とアメリカを後ろ盾とする大韓民国（韓国）が衝突した朝鮮戦争で、アメリカとともに韓国軍の支援のために出兵します。ソ連はアメリカに続いて原子爆弾（原爆）を開発しており、朝鮮半島での衝突を機にソ連の脅威が強まりました。イギリスはアメリカから提供された技術をもとに原爆を保有し、世界で3番目の核保有国となります。

中東では1948年に、イギリスの委任統治下にあったパレスチナ地方で、ユダヤ人国家であるイスラエル国が成立しました。しかし、以前から同地に住んでいたアラブ人

大戦後に独立したイギリスの旧植民地

1946年	ヨルダン
1947年	インド
1947年	パキスタン
1948年	セイロン（現在のスリランカ）
1948年	ビルマ（ミャンマー）
1956年	スーダン
1957年	マラヤ（現在のマレーシア）
1957年	ガーナ
1960年	ナイジェリア
1960年	ソマリランド（現在のソマリア）
1960年	キプロス
1961年	クウェート
1961年	カメルーン
1961年	シエラレオネ

1962年	ウガンダ
1963年	ケニア
1964年	マラウイ
1964年	ザンビア
1961年	南アフリカ
1965年	ガンビア
1965年	モルディブ
1965年	ローデシア（ジンバブエ）
1968年	スワジランド（現在のエスワティニ）
1971年	バーレーン
1971年	カタール
1971年	アラブ首長国連邦
1997年	香港（中国に返還）

※国旗は 2019 年時点のもの

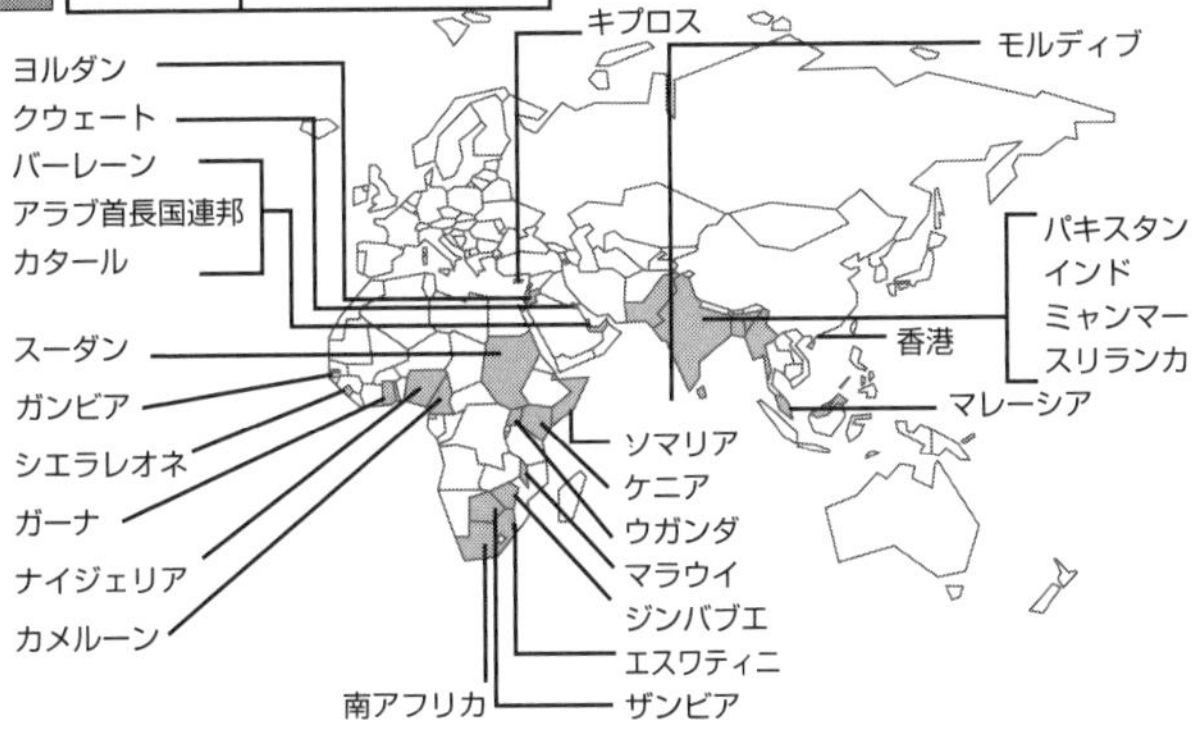

は強く反発し、エジプトやシリア、イラクなどの近隣アラブ諸国との間で「第1次中東戦争」が起こります。戦いはひとまずイスラエルの勝利に終わりますが、イスラエル軍の占領地から追い出された「パレスチナ難民」が大量に発生しました。

ほどなく、エジプトでは軍事クーデターで王制が打倒され、大統領に就任したナセルは、イスラエルを支持するアメリカやイギリスなど自由主義陣営の大国を敵視し、ソ連に接近。そして、1956年にスエズ運河の国有化を宣言します。イギリスはこれを認めず、イスラエル、フランスとともにエジプトに戦争をしかけ、「第2次中東戦争（スエズ戦争）」が勃発しました。ところが、国際世論はエジプトに味方し、イギリスはスエズ運河を手放し、中東への影響力を大幅に低下させます。

「英国病」の原因は？

フランスなど自由主義陣営に属する西欧諸国では、1958年に「EEC（欧州経済共同体）」が設立され、加盟国の間での関税の撤廃や、労働力の移動の自由などを定めました。1967年には、西欧のほかの国際機関とも統合されて「EC（欧州共同体）」と改名され、後年に発足する「EU（欧州連合）」の原形となります。

イギリスは19世紀以来、「光栄ある孤立」を掲げてヨーロッパ諸国と距離を取る外交方針を基本としており、国内ではEECへの加盟に反対する声が根強く残っていたからです。ようやく1972年に、保守党のヒース内閣のもとで加盟が実現します。

1960〜1970年代のイギリスは労働党と保守党が交互に組閣し、労働党のアトリー政権が掲げた福祉政策が保守党政権でも引き継がれます。しかし、経済は停滞が続きました。同時期の西ドイツの経済成長率は5〜9%台、日本は7〜10%台、フランスは4〜6%台だったのに対し、イギリスは3%前後に留まります。

この経済の不振は「英国病」と呼ばれました。理由とし

そのころ、日本では？

高度経済成長期を迎えた日本では、1964年に東京オリンピックが開催され、東海道新幹線が開通しました。この2年後には、イギリスからビートルズが来日して大人気となります。同時期には、イギリスで製作された特撮人形劇『サンダーバード』も日本で人気を博しました。

ては、古い工業設備や経営体制が更新されず、製造業で西ドイツや日本が躍進したことによるマンチェスターなどの工業地帯の衰退、手厚い社会保障制度のため、社会から競争意識がなくなった点など諸説があります。

いずれにせよ、20世紀前半までの大英帝国の栄光が失われたことは事実でした。1967年には、ポンドの価値がアメリカのドルに対して約14％切り下げられ、名実ともにポンドに代わってドルが国際的な基軸通貨となります。

加えて、1970年前後には、北アイルランドの独立を唱えるIRA（アイルランド共和国軍）による反英闘争が激化します。1972年には、北アイルランドのロンドンデリーで、イギリス軍と衝突した市民14人が死亡する「血の日曜日事件」が発生しました。のちにIRAは、イギリス軍の要人だったルイス・マウントバッテン伯爵を暗殺するなど、血なまぐさいテロ事件をたびたび引き起こします。

こうした停滞と混乱の中、それまでの貴族や労働者といった階級の壁を破る新しい大衆文化が広まります。たとえば、1962年にスタートしたスパイアクション映画の『007』シリーズは、世界的なヒット作となります。同じ年にデビューしたビートルズは全世界で累計のレコード売上が5億枚以上といわれる大ヒットグループとなり、1965年には、外貨獲得の功績によって勲章を授与されました。

実力主義者の「鉄の女」

1979年、保守党のマーガレット・サッチャーが、イギリス初の女性首相に就任します。彼女は従来の保守党の有力者に多かった上流階級出身ではなく、小さな商店の経営者の娘でした。たたき上げで首相となったサッチャーは、庶民はみずから努力して地位を向上すべきという考え方の持ち主でした。

政府が公共投資や社会福祉に力を入れる方針は「大きい政府」と呼ばれ、逆に政府の役割を縮小して民間に任せる方針は「小さな政府」と呼ばれます。サッチャーは後者の方針を取り、国有企業の民営化や「揺りかごから墓場まで」といわれた社会保障の縮小

フォークランド紛争の舞台

を進め、「英国病」の打破を訴えました。サッチャーの政策は「サッチャリズム」と称され、一定の成果を挙げます。ただしその反面、貧富の格差が拡大し、水道局を民営化した結果、水道料金が上がるなどの弊害《へいがい》も起こりました。

サッチャー政権下の１９８２年、南大西洋にあるフォークランド諸島（マルビナス諸島）の帰属をめぐって、アルゼンチンとの間で「フォークランド紛争」が勃発します。これは、米ソ冷戦体制下ではめずらしい自由主義陣営の国同士の戦争でした。サッチャーは果断に最新の軍艦や戦闘機などを派遣しました。両軍合わせて約９００人の死者を出しましたが、戦闘はイギリスの勝利に終わります。この勝利でサッチャーの支持率は向上し、彼女はその剛腕ぶりから「鉄の女」と呼ばれました。

１９９１年にはソ連の共産党政権が崩壊して冷戦体制がなくなったことで、ヨーロッパを統合しようという気運が高まります。１９９３年には「マーストリヒト条約（欧州連合条約）」が発効されて「ＥＵ（欧州連合）」が発足。加盟国の間では関税と入国の査証は廃止されました。さらに、共通の通貨としてユーロが導入されますが、イギリスは引き続き、一部のイギリス連邦加盟国と共通のポンドを使用します。

かねてよりイギリスには、インドやケニアなどイギリス連邦加盟国からの移民が集まっていましたが、ＥＵ加盟国の間では人の移動が自由なため、イギリスにはほかのＥＵ加盟国を経由して、東欧や中東からの移民が多く流入するようになりました。

住民投票であわや分裂

１９９７年には、労働党のブレア政権が成立します。ブレアはソ連の崩壊を背景に労働党の社会主義的な政策を見直し、保守党の政策に近い市場原理の導入と弱者救済の論理を両立させた、「第三の道」を取り入れて支持を広げます。

イギリスとアイルランドとの間では、北アイルランドの領有をめぐって長年にわたる対立が続いていましたが、１９９８年には両国間で「ベルファスト合意」が成立します。

アイルランドは北アイルランドのイギリス帰属を認めたうえで、イギリス政府から独立した北アイルランド議会が成立しました。これに前後して、スコットランド議会、ウェールズ議会が成立し、イングランド以外への権限委譲と地方分権が進みます。

2001年9月、アメリカでイスラム過激派のアルカイダによる同時多発テロが発生すると、ブレア政権はアメリカのブッシュ政権と歩調を合わせ、対テロ戦争に参加しました。さらに2003年には、イラクのフセイン政権が核兵器を保有しているとの情報をもとに、アメリカとともに「イラク戦争」に参加します。しかし、戦後もイラクに核兵器は発見されず、戦争の正当性を疑問視する声もあがりました。

なお、エリザベス2世女王の孫であるヘンリー王子は、2007年から数年間、アフガニスタンでテロ掃討の軍務に就いていています。イギリスでは現在も、王族はみずから最前線に立ち、国民と苦難をともにするべきだという考え方があるのです。

2022年9月8日、イギリス王室の改革に尽力してきたエリザベス2世が96歳で死去し、国内は悲しみに包まれました。在位期間はイギリス史上最長の約70年7カ月です。次の国王にはエリザベス2世の長男がチャールズ3世として即位しました。

21世紀に入って以降、イギリス国民の一体感、諸外国との関係は大きくゆれ動いています。2011年には、ロンドンで警官に黒人の青年が誤認射殺された事件をきっかけに、全国的な暴動が広がりました。背景には、イギリス国内の人種民族対立、失業した若者の不満の爆発など、複雑な問題が絡み合っています。

スコットランドでは、1960年代に発見された北海油田を有していることから、イングランドから独立した経済圏となることを求める声が根強く、2014年には独立を問う住民投票が行なわれ、わずかな票差で否決されました。

2016年には、「ブレグジット（EUからの離脱）」を問う国民投票でイングランドとウェールズでは離脱が過半数を占めました。この背景には、EUへの拠出金の負担や、EU加盟国からの移民の流入への強い反発があります。EUから離脱すれば、EU加盟国との貿易で不利な立場となる可能性や、EUに加盟するアイルランドとの国境問題の再熱を招くなどの問題が指摘されましたが、2020年1月に離脱しました。

5000年近い年月をかけて、ようやく「イギリス」という1つにまとまった国家は、21世紀に入り大きな転機を迎えているのです。

ひみつコラム

世界で人気のスポーツ

サッカーとラグビーは元は同じ競技だった⁉

イギリスでルールが定められ、世界各地で親しまれるようになった近代スポーツは少なくありません。その中で一番ポピュラーなのが、サッカーでしょう。ただし、イギリスでは「フットボール」と呼ばれています。

近代のサッカーの原型は18〜19世紀のイングランドで形づくられました。当時、上流階級の子らが寄宿する学校「パブリックスクール」でボールを蹴る遊びが行われていました。ただ、各校でルールはバラバラだったことから、１８６３年に関係者が集まってルールを統一。以降、世界へと広まっていきました。

「ラグビー」もイギリスの発祥であり、フットボールと兄弟のような関係にあります。

フットボールのルールが統一される以前は、ボールを手に持って走ることが許されていました。そして前述のルールが決められる際、「ボールを手に持ってはいけない」とルール化されます。これに反対する一派は「手に持ったまま走ってよい」としたルールのもとで競技を続けた結果、手に持って走るスポーツであるラグビーができました。フットボールとの関係は「ラグビーフットボール協会」という名からもうかがえます。

「クリケット」という競技名は聞いたことはあるけれど、ルールまでは知らないという人が多いかもしれません。しかしながら、イギリスはもちろん、旧植民地のインド、イギリス連邦国のオーストラリアで盛んに行われている人気のスポーツです。

最後に紹介するのが「ゴルフ」です。ゴルフの発祥の地はスコットランドともいわれており、セント・アンドリューズという都市はゴルフの聖地でもあります。由緒あるゴルフの四大大会のうち、全英オープンの開催地としてセント・アンドリューズがよく選ばれています。

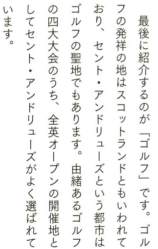

イギリスの歴史 年表

この年表は本書であつかったイギリスを中心につくってあります。

下段の「世界と日本のできごと」と合わせて、理解を深めましょう。

年代	イギリスのできごと
〈紀元前〉	
22世紀－20世紀	大陸からビーカー人がブリテン島に渡る
6世紀	大陸からケルト人がブリテン島に渡り、定住するようになる
55－54	カエサルがブリテン島に侵攻する
〈紀元〉	
43	ブリテン島の中部～南部がローマの属州となる
60－61	ブーディカが反乱を起こす
122	ハドリアヌスの長城の建設に着工する
409	西ローマ帝国がブリタニアを放棄する

世界と日本のできごと

〈紀元前〉

世界 最古の法典の編纂（21世紀ごろ）

世界 アテネで民主政治が始まる（6世紀）

世界 第1回三頭政治が始まる（60）

世界 ローマ帝国が成立する（27）

〈紀元〉

世界 皇帝ネロがキリスト教徒を迫害（64）

世界 奴国王が奴隷を後漢に献上（107）

世界 ローマ帝国が東西に分裂（395）

5世紀前半	アングロ・サクソン人がブリテン島に侵入開始	世界 フランク王国の建国（481）
596	イングランドでキリスト教の布教が本格化する	世界 ムハンマドが生まれる（570ごろ）
7世紀	七王国時代に突入する	世界 カール大帝の即位（800）
825	エグバート王がカレドニアを除いて、ブリテン島を統一する	世界 フランク王国の分裂（843）
843ごろ	ケネス1世がアルバ連合王国を建国する	世界 黄巣の乱（875）
878	アルフレッド王がデーン人に大勝する	世界 キエフ大公国が成立（882ごろ）
9世紀	フロードリがウェールズを統一する	日本 遣唐使の中止（894）
927	イングランド王国が成立する	世界 高麗が建国（918）
973	戴冠式が行われるようになる	世界 神聖ローマ帝国の成立（962）
1016	デーン人のクヌートがイングランド王位に就く	世界 大越国が建国（1009）
1066	ノルマン朝が開かれる	日本 院政の開始（1086）
1085	ウィリアム1世が世界で初めて土地台帳を作成する	世界 第1回十字軍（1096）
1154	プランタジネット朝が開かれる	世界 アンコール・ワット建設（1150ごろ）
1189	リチャード1世が第3回十字軍に参加する	日本 源頼朝が守護・地頭を設置（1185）

年代	イギリスのできごと	世界と日本のできごと
1215	ジョン王がマグナ・カルタに署名する	世界 チンギス・ハンの征西開始（1219）
1237	イングランドとスコットランドの国境が確定する	世界 ハンザ同盟が成立（1241）
1258	ウェールズ公国が成立する	世界 フビライ・ハンが皇帝即位（1260）
1282	ウェールズがイングランドの支配下に置かれる	日本 文永の役（1274）
1314	スコットランド軍がイングランド軍を破る	世界 オスマン帝国が成立（1299）
1339	フランスとの間で百年戦争が始まる	日本 室町幕府が開かれる（1336）
1348	ペストが流行する	世界 明王朝が建国（1368）
1381	ワット・タイラーの乱が起こる	日本 南北朝が合一（1392）
1399	ランカスター朝が開かれる	日本 勘合貿易が開始（1404）
1455	バラ戦争が始まる	世界 ビザンツ帝国が滅亡（1453）
1461	ヨーク朝が開かれる	日本 応仁・文明の乱（1467-77）
1485	テューダー朝が開かれる	世界 コロンブスが新大陸に到達（1492）
1534	イングランド（英国）国教会が成立する	世界 ルターによる宗教改革（1517）
1536	ウェールズがイングランドに併合される	世界 インカ帝国が滅亡（1533）

1558	エリザベス1世が即位する	日本 ザビエルの来航（1549）
1588	アルマダの海戦でスペイン艦隊を破る	日本 天正少年使節の訪欧（1582）
1591	シェイクスピアの作品が初めて上演される	世界 ナントの勅令（1598）
1600	東インド会社が設立される	日本 関ヶ原の戦い（1600）
1603	ステュアート朝が開かれる	日本 江戸幕府が開かれる（1603）
1605	火薬陰謀事件が起こる	世界 ガリレオが天体望遠鏡を発明（1609）
1611	欽定訳聖書が刊行され、近代英語が普及する	世界 清王朝が建国（1616）
1628	議会がチャールズ1世に権利の請願を提出する	世界 ピルグリム・ファーザーズ（1620）
1640	ピューリタン革命が起こる	日本 島原の乱（1637）
1649	共和制が始まる	世界 明王朝が滅亡（1644）
1660	王政が復活する	世界 ウェストファリア条約を締結（1648）
1666	ロンドンで大火災が発生する	世界 ネーデルラント戦争（1667-1668）
1688	名誉革命が起こる	世界 ベルサイユ宮殿が完成（1682）
1689	権利章典が発布される	世界 清王朝が台湾を獲得（1683）
1689	第2次百年戦争が始まる	世界 ネルチンスク条約を締結（1689）

年代	イギリスのできごと	世界と日本のできごと
1694	イングランド銀行が設立される	世界 北方同盟を結成（1699）
1707	グレートブリテン連合王国が成立する	世界 プロイセン王国が成立（1701）
1714	ハノーヴァー朝が開かれる	日本 享保の改革（1716-1745）
1720	南海泡沫事件が起こる	世界 バルト帝国の崩壊（1718）
1721	責任内閣制度が確立される	世界 ロシア帝国が成立（1721）
1760ごろ～	産業革命が始まる	世界 アメリカが独立（1783）
1801	イギリスがアイルランドを併合する	世界 フランス革命が起こる（1789）
1802	工場法（徒弟法）が制定される	世界 ナポレオンが皇帝に（1804）
1825	ストックトン-ダーリントン間で鉄道が開通する	日本 異国船打払令を発布（1825）
1832	選挙法（第1回）が改正される	世界 フランスで七月革命（1830）
1837	ヴィクトリア女王が即位する	日本 大塩平八郎の乱（1837）
1851	ロンドンで万国博覧会（第1回）が開かれる	日本 日米修好通商条約（1858）
1871	労働組合法が制定される	日本 長州五傑が訪英（1863）

1875	スエズ運河の所有権を手に入れる	世界 ドイツ帝国が成立（1871）
1901	サクス・コバーグ・ゴータ朝と改称する	日本 日英同盟（1902）
1914	第1次世界大戦が勃発する	日本 二十一カ条の要求（1915）
1917	ウィンザー朝へと改称する	世界 ロシア革命が起こる（1917）
1922	アイルランドがイギリスから独立する	世界 ワシントン条約を締結（1922）
1924	労働党が初めて政権を獲得する	日本 関東大震災が発生（1923）
1927	グレートブリテン及び北アイルランド連合王国が成立する	日本 金融恐慌が発生（1927）
1931	ウェストミンスター憲章が成立する	世界 満州事変が発生（1931）
1939	第2次世界大戦が勃発する	日本 日独伊三国同盟（1940）
1941	大西洋憲章を発表する	日本 太平洋戦争が開戦（1941-1945）
1967	ヨーロッパ共同体（ECのちのEU）に加盟する	日本 沖縄県が日本復帰（1972）
1982	フォークランド紛争が起こる	世界 イラン・イラク戦争（1980）
1998	ベルファスト合意が成立する	日本 阪神・淡路大震災（1995）
2020	EUから離脱する	世界 トランプ政権が発足（2017）

参考文献

『イギリスの歴史を知るための50章』川成洋(明石書店)

『王様でたどるイギリス史』池上俊一(岩波書店)

『物語 イギリスの歴史(上)』君塚直隆(中央公論新社)

『物語 イギリスの歴史(下)』君塚直隆(中央公論新社)

『イギリス史10講』近藤和彦(岩波書店)

『よくわかるイギリス近現代史』君塚直隆編著(ミネルヴァ書房)

『イギリス現代史』長谷川貴彦(岩波書店)

『新版世界各国史11 イギリス史』川北稔編(山川出版社)

『図説 イギリスの歴史 増補新版』指昭博(河出書房新社)

『きちんと理解するイギリスの歴史』内藤博文(河出書房新社)

『イギリスの歴史が2時間でわかる本』歴史の謎を探る会(河出書房新社)

『世界歴史大系 イギリス史1 先史〜中世』青山吉信編(山川出版社)

『世界歴史大系 イギリス史2 近世』今井宏編(山川出版社)

『世界歴史大系 イギリス史3 近現代』村岡健次、木畑洋一編(山川出版社)

『スコットランド史 その意義と可能性』ロザリンド・ミスチン編、富田理恵、家入葉子訳(未來社)

『物語 ウェールズ抗戦史 ケルトの民とアーサー王伝説』桜井俊彰(集英社新書)

『世界の歴史9 絶対主義の盛衰』大野真弓、山上正太郎(社会思想社)

『世界の歴史10 市民革命の時代』清水博、山上正太郎(社会思想社)

『世界の歴史11 帝国主義への道』石橋秀雄、山上正太郎(社会思想社)

『世界の歴史7 近代への序曲』松田智雄(中央公論社)

『世界の歴史8 絶対君主と人民』大野真弓(中央公論社)

『世界の歴史11 新大陸と太平洋』中屋健一(中央公論社)

『世界の歴史12 ブルジョワの世紀』井上幸治(中央公論社)

『世界の歴史13 帝国主義の時代』中山治一(中央公論社)

『世界の歴史26 世界大戦と現代文化の開幕』木村靖二、長沼秀世、柴宜弘(中央公論社)

『世界の歴史29 冷戦と経済繁栄』猪木武徳、高橋進(中央公論新社)

『詳説 世界史B』木村靖二、佐藤次高、岸本美緒(山川出版社)

『世界史年表・地図』亀井高孝、三上次男、林健太郎、堀米庸三(吉川弘文館)

[監修]
小林照夫（こばやし・てるお）
1941年、神奈川県生まれ。関東学院大学名誉教授。博士（社会学）。著書に『スコットランド産業革命の展開』（八千代出版）、『スコットランドの都市』（白桃書房）、『スコットランド首都圏形成史』（成山堂書店）、『近代スコットランドの社会と風土』（春風社）、編著に『イギリス近代史研究の諸問題』（丸善）のほか、『イギリス文化事典』（丸善）の執筆にも携わる。

編集・構成／造事務所
ブックデザイン／井上祥邦（yockdesign）
文／大河内賢、松田香世、西村まさゆき、佐藤賢二
イラスト／ suwakaho
図版／原田弘和
写真／ PIXTA

世界と日本がわかる　国ぐにの歴史
一冊でわかるイギリス史

2019年8月30日　初版発行
2025年6月30日　14刷発行

監　修　小林照夫

発行者　小野寺優
発行所　株式会社河出書房新社
〒162-8544
東京都新宿区東五軒町2-13
電話03-3404-1201（営業）
03-3404-8611（編集）
https://www.kawade.co.jp/
組　版　株式会社造事務所
印刷・製本　TOPPANクロレ株式会社

Printed in Japan
ISBN978-4-309-81102-4

「世界と日本がわかる 国ぐにの歴史」シリーズ